马化腾

——先人一步

从辗转求生到 IT 界

“共敌”，互联时代的中国传奇

冷　湖◎著

时代出版传媒股份有限公司
北京时代华文书局

图书在版编目（CIP）数据

马化腾：先人一步 / 冷湖著. —北京：北京时代华文书局，2015.4
ISBN 978-7-5699-0193-1

Ⅰ.①马… Ⅱ.①冷… Ⅲ.①马化腾-传记 Ⅳ.①K825.38

中国版本图书馆 CIP 数据核字（2015）第 062578 号

马化腾：先人一步
著　　者｜冷　湖

出 版 人｜田海明　朱智润
选题策划｜黎　雨
责任编辑｜胡俊生　王雪君
文字编辑｜刘瑞彩
装帧设计｜张子航
责任印制｜刘　银

出版发行｜时代出版传媒股份有限公司 http://www.press-mart.com
北京时代华文书局 http://www.bjsdsj.com.cn
北京市东城区安定门外大街 136 号皇城国际大厦 A 座 8 楼
邮　编：100011　　电话：010-64267120　64267397
印　　刷｜河北信德印刷有限公司
开　　本｜710×1000mm　1/16
印　　张｜17.5
字　　数｜193 千字
版　　次｜2015 年 5 月第 1 版　　2024 年 1 月第 2 次印刷
书　　号｜ISBN 978-7-5699-0193-1
定　　价｜58.00 元

序　言

什么是互联网，互联网能带给我们什么？互联网说复杂也复杂，说简单也简单，复杂是因为它代表着一种技术革命和文化革命的双生体，简单是因为只要你能抓住一个点，就能在互联网的世界中找到出路。

对于 QQ 而言，马化腾抓住了一个点：沟通。沟通是 QQ 存在的精髓，也由此让 QQ 成为人们生活中不可或缺的一部分。QQ 让人们之间从传统的书信、电话交流过渡到了网络交流。马化腾带着他的小企鹅，在中国互联网的大地上创造了体验经济的奇迹。让无数用户在指间跃动之下，就能充分地感受到网络交流的畅快和魅力。

毫无疑问，马化腾是中国最早一批网虫的典范，也是代表着中国新经济时代的一批人，他们的幸运之处在于，适逢改革和发展的交汇时期，所以被赋予了浓厚的创新精神，加上他们扎实的技术功底，让头脑中的幻想能够转化成为现实。从某个角度来看，中国的互联网时代预示着一种骑士精神，以视死如归的勇气去追逐荣誉和梦想。

正是在骑士精神的指引下，马化腾等人走出了互联网的寒冬，延续了“企鹅帝国”的生命。这也让技术上相对落后的中国迎头赶上互联网前进的步伐，复苏了互联网时代的创业精神、进取精神和批判精神。

社会能否获得发展，企业是从中起到活化作用的最有机的一个元素，也是形成社会分工、社会运转的“血液循环”系统。作为新生代的互联网企业，更是像“鲶鱼效应”那样在刺激着中国经济从堵塞走向开化。

毋庸置疑，马化腾打造的“QQ 王国”，让人们的社交观念、生活观念发生了重大的转变，让人们刷新了原有的人际关系认知，在一个新的虚拟社交空间中展示自我、了解他人和彼此联动，让原本单调、传统的社交方式变得更加低成本化和高效率化，实现了用一个小小的软件即能联通整个世界。

当沟通变成一种习惯，当交流演化为一种新的形式，那么真正的获利者并非是腾讯，也不是用户，而是整个互联网时代的“齿轮”——它将在“沟通”这一润滑剂的作用下飞速运转，引领着人们投入到更进步、更具有颠覆性的时代浪潮中。

目　录

红钻时代——“秀”给全世界看

黄钻时代——新贵的世界你不懂

◆绿钻时代——一路高歌上阵

1

最有商业范儿的工程师

不当天文学家了

人有梦才有行动的力量，乞丐的梦是一天讨上几千块钱花花，导演的梦是票房大卖顺便拿个奥斯卡小金人，作家的梦是问鼎诺贝尔文学奖……如果你问马化腾的梦是什么，他可能会说：我曾经想当个天文学家。

马化腾生于广东汕头，却长在海南，而正是海南的璀璨星空让少年小马哥在仰望它的时候，被天上一闪一闪的群星深深吸引了，那夺目的星光勾起了他对未知世界的无限遐想。

少年谁人不做梦？因为对星空的痴迷和热爱，马化腾迫切想要一台专业的天文望远镜。由于这东西太贵，起初家里没有答应。马化腾自己也知道这个要求有点过分，最后只得在日记里写下一句话发泄：“父母的做法，很可能会扼杀一位天文学家。”后来，马化腾的母亲无意中看到了儿子的日记，便拿出积蓄给他买了一台望远镜。

得到望远镜的马化腾如获至宝，从此如痴如醉地观察着天象。有一次，为了观看流星雨，又累又困的他居然在天台上倒地睡着了。若干年以后，有人问马化腾，你最自豪的事情是什么？马化腾并没有说是他亲手缔造了企鹅王国，而是认真地回答说，他在 1986 年拍到了哈雷彗星，还得了几十块钱的奖金。

少年马化腾揣着一个天文梦无忧无虑地生活着，家境良好的他没有吃过什么苦，这种顺境培养不仅没让他染上懒惰、不思进取的坏毛病，反而让他更有精力和条件去探索未知世界的奥妙。

关于马化腾的父母，这里不得不说两句。坊间一直流传：马化腾家世显赫，要是没有爸妈的帮助他根本不会有今天的成就。客观地讲，马化腾要是跟很多寻常百姓家的娃娃相比，家里的确有点底子。马化腾的父亲马陈术，是南下干部，曾经担任过交通部海南八所港务局的会计，人生最高的职务大概是深圳盐田港上市公司的董事。此外，马陈术和李嘉诚还是老乡，李嘉诚的香港盈科也曾经给腾讯做过风险投资，所以大家都认为，马化腾从父亲的人脉中借了不少力。

其实，现在我们能看到的最直接的帮助，是马陈术在腾讯刚成立的时候给儿子做账，其他的大概就是对小马哥的言传身教了——比如怎样管理公司、运作资本市场……至于这个企鹅帝国一步一步走到今天，恐怕不是他老人家一个人能决定的。

不光是马陈术教子有方，马化腾的母亲黄惠卿也被认为是小马哥成功背后的“另一个女人”，这大概是因为黄惠卿长时间出任腾讯的法人代表。对此，马化腾曾经很无奈地表示，这是因为当时创办公司的法人代表必须是待业或退休人员，因此才将老妈“拉下了水”。

言归正传。

1984 年，13 岁的马化腾跟着爸妈定居深圳，在最好的深圳中学读书。在这里，马化腾度过了人生中最阳光灿烂的日子。在满城都贴着“时间就是金钱，效率就是生命”大标语的环境下，马化腾逐渐被熏陶出了一种实干精神，他尚未定型的个性和思想跟着这座中国最年轻的城市一起成长。也许是对深圳有着割舍不断的感情，马化腾高考填志愿时，居然瞄都没瞄外地的高校一眼，就近上了深圳大学。

深圳是年轻的，当时的深圳大学也有点胎毛未褪的意思，不过这个奶娃有着天时地利人和的三重支持，因此长得奇快，没用几年的工夫就超过了内地的很多所谓老牌大学，培养了一批知名的商界精英：巨人集团的总裁史玉柱、红豆实业股份有限公司的董事长周海江……回过头来看，小马哥当年贪图离家近的小便宜心理，让他捡到了一个大便宜。

按理说，痴迷天文的马化腾应该选择天文学专业，可马化腾偏偏背叛了他的理想。原来，随着年龄的增长，马化腾在遥望星空之余，发现天文学这东西距离现实还是太远，而他所认识的一些天文爱好者最后都成了地理老师。最后，马化腾在实用主义思想的教导下，坚定地选择了计算机专业——他的另一个爱好。

巧的是，当时的深圳大学最有实力的两个专业就是计算机系和建筑系，这是因为当时在深圳搞出名堂的人中，大部分都扎堆在计算机和地产两个行当里。

人们常说，人生最重要的两件事是选择和放弃，而放弃比选择似乎更难。现在来看马化腾，如果他真的一股脑儿钻进了天文学界摸爬滚打，充其量也就能发现一两颗新星，然后以他的名字命名……不是说这不算成就，但是跟腾讯王国对中国网民生活方式造成的巨大影响相比，显然是差了一大截。

计算机和天文有个共同的特点，都是对未知世界的探索，这让马化腾胸中积郁的好奇心总算有了用武之地。在深圳大学读书期间，马化腾是一个让机房老师“闻风发愁”的捣蛋鬼，他经常会发挥自己的计算机天赋，编写一些小程序，让机房的电脑硬盘彻底锁死，想要再打开就得找他。碰上计算机病毒泛滥的时候，马化腾又能摇身一变成为“感康”“康泰克”，利用娴熟的杀毒技巧让病毒在瞬间灰飞烟灭。最后，机房老师成了他的编外徒弟。

随着学习的深入，马化腾对网络的兴趣与日俱增，他立志要成为一个UNIX（尤尼斯操作系统）或者C语言方面的高级程序员。

虽然马化腾在机房里是“一号人物”，但是在机房以外却不是大家关注的焦点人物，也是被爱情遗忘的角落，这大概是因为他生性内敛、沉默，不是活跃分子。但是，马化腾具备了一个同龄人少有的优点，那就是能正确地掂量出自己有几斤几两。马化腾知道，他虽然是个计算机高手，但是很多知识是通过抄写代码硬生生地积累出来的，算不上天资一流。正因为如此，马化腾特别能虚心地跟别人合作，让大家优势互补——这为他日后的创业构建了正确的思维模式。

深圳大学的四年时光，让马化腾掌握了过硬的专业知识。在那个很多人连计算机都不知道长啥样子的年代，年纪轻轻的他却已然是一个优秀的计算机人才。而这位小马哥的毕业作品居然是一个超级实用的大家伙——“股票分析系统”。正是凭借这个重量级的作品，马化腾顺利毕业，拿到了学士学位。

当时的马化腾还算不上股民，但是拜深圳这座城市所赐，他不得不关注这个在当时中国炙手可热的玩意儿。记得在邓小平发表“南方讲话”之后，刚刚步入正轨的中国股市一下子形势大好，更不要说深圳这种被政策扶植的城市。股票涨得厉害，满城男女老少茶余饭后都在谈论炒股，马化腾就是被这种环境熏陶，才设计出了“股票分析系统”。

能分析股票的软件当然是好东西，很快，一家网络公司看中了马化腾的作品，表示要出资购买。双方在谈价格时，还是个半大孩子的马化腾要了个心眼儿——让对方先报价。最后的结果是那家公司付给了马化腾五万块钱！这在当时可是一笔巨款。

赚钱归赚钱，现在临近毕业了，马化腾也不得不考虑将来的出路。当时，他最强烈的愿望是自主创业，开一家组装兼容机的门店。不过经过市场考察之后，马化腾发现吃这碗的越来越多，市场需求早就饱和了。

别看马化腾赚到了人生的第一桶金，但他并没有妄自尊大，他知道自己肚子里的那点儿知识和经验还不足以在计算机和互联网这深不可测的海洋中扎猛子。经过一番分析和权衡之后，马化腾决定先安心当一个打工仔，先积累经验再做定夺。

马化腾的不骄不躁和不紧不慢，避免了他在人生的第一个岔路口走弯路，也顺水推舟地成就了他日后的飞黄腾达。现在来看，腾讯王国虽然是以“深圳速度”迅速崛起的互联网新贵，但如果仔细剖析小马哥的人生规划，我们看到的是一个稳扎稳打的企业编年史：马化腾总是能脚踏实地，从实际出发，给自己谋划一个明朗但充满悬念、稳妥又夹杂传奇的未来。

“马站”，梦想起飞地

梦想不是空洞的，它需要有一副骨架子支撑，也需要有一堆肉来充实，更需要有一个点发力，不然就成了行尸走肉。马化腾弃天文投计算机，给自己定了个理想大方向，下一步就是如何寻找一个平台来实现理想。

1993年，马化腾从深圳大学计算机系计算机专业毕业，尽管这所大学在全国名气并不是很大，但是它所处的环境却对这里的毕业生非常有利。当时的深圳，由于受到改革开放思想的影响，无论是城市的建设，还是各个行业的发展速度都是惊人的。因此，马化腾在求学的日子里，就已经形成了实用主义的理念。他不像一些刚从象牙塔里走出来的学生，满脑子都是不切实际的幻想，而是对自己的未来有了一个明确的规划。

马化腾从深圳大学毕业后，来到了润迅通信发展有限公司，成为一名软件工程师，月薪1100元。这个润迅公司可不是小角色，在当时的传呼行业中算得上是后起之秀中的佼佼者。

润迅成立于1990年，主营的是传呼业务。它凭借着“市场主导，技术先行”的理念，推出了几款小有名气的产品，很快打开了市场，那时候润迅有句广告语“一呼天下应”红遍大江南北。经过几年的积累和打拼，润迅在最辉煌的时候，年收入达20亿元之多，毛利润超过了30%，它也是当时深圳福利待遇最好的单位，每天为2万名员工提供一顿免费的午餐。

传呼业是中国通信行业中最早开放的子行业之一，后来鼎鼎大名的瀛海威的创始人张树新，在进军互联网之前也曾经投身这个行业。在1995到1998年期间，润迅神话写到了最高潮。虽然马化腾在润迅还是个名不见经传的小人物，然而坐着公司这艘乘风破浪的快艇，小马哥的视野也逐渐开阔起来，无论是看问题的高度还是角度，都比不少同行超前一步。

润迅给马化腾最大的帮助有两个。

第一，它给了马化腾在管理上的一次思想启蒙。在润迅，马化腾学会了如何构建和治理一家大规模的公司，学会了如何在一个新兴市场中争夺属于自己的产业份额，学会了如何跟香港的资本市场取得互动（香港润迅是香港的上市公司）。

第二，它给马化腾带来了腾讯最早的客户资源。在马化腾刚开始创办腾讯时，最初的产品就是给传呼台做配套服务。由于小马哥曾经在全国最有名的传呼公司工作过，所以他在各地传呼台积累了一些前同事和哥们儿，这让他在创业之初走得比别人顺了很多。

从马化腾在润迅的经历，我们可以得出一些启示，所谓的鸡头凤尾之争，其实太过执着于人的价值和地位，而忽视了人成长的最关键因素——平台。拥有一个良好的平台，才能持续促进一个人不断成长。从这个角度看，宁当凤尾也决不当鸡头也是有道理的。

马化腾在润迅干得很出色，从一名普通的程序员一直做到了开发部的主管。在这段时间，马化腾对开发软件有了全新的认识，他发现软件的最大意义不是它如何绚丽夺目，而是它是否实用。因此，马化腾在做软件的时候，不会把这种创造性劳动当成自娱自乐，他只是希望被更多的人接受。

在润迅的工作是辛苦的，在外人看来甚至是乏味的，然而马化腾整天面对着计算机和各种程序，却没有丝毫的厌倦。他越是频繁地接触计算机，对它的兴趣越是与日俱增。就这样，他的专业知识越来越丰富，有时候还到朋友的公司里帮忙解决一些软件和网络问题，慢慢地，他的名气和口碑也在圈子里传开了。

当马化腾在润迅工作到第三个年头时，他开始“不务正业”了，而这个“副业”就是当时炙手可热的惠多网。

中国惠多网（Chinese fidonet，CFido）诞生于1991年，最盛行的时期是1993年到1998年。它是一种通过电话线路连接的BBS互联网网络，网络之间通过点对点的方式转送信件。惠多网并不是什么官方网站，而是由中国计算机网络通信爱好者自行创立并维持运作的一个业余网络系统。高峰时段，惠多网在国内有上百个站点，使用者达到上万人。

1992年，北京罗依的长城站和汕头黄耀浩的手拉手站成为了中国fidonet模式下最早建立起来的BBS交换系统，是惠多网的雏形。作为一个资深计算机爱好者，马化腾也对惠多网产生了浓厚的兴趣，为此他利用半年的时间进行摸索，最后决定在深圳成立一个分站。1995年，马化腾扯出了四条电话线，弄来八台计算机，将深圳分站建立起来了，给它命名为“Ponysoft（Pony是马化腾的英文名字）”。

这个分站建得相当不容易，当时一部电话的安装费就要4000多块——相当于马化腾四个月的工资。幸好小马哥的姐姐在电话局工作，帮助他申请到了半价的优惠价格。由于马化腾白天还要工作，所以将系统维护的工作交给了半懂不懂的老妈。

马化腾像爱护孩子那样爱护Ponysoft，他绞尽脑汁地想让这个宝贝被更多人了解和接受，以至于当时的各大媒体都被马化腾吆喝个遍。马化腾这种不撞南墙不回头的坚韧劲儿让 Ponysoft 最终成为深圳地区的代表站台，一时间知名度飙升，Ponysoft 也被圈内人亲切地称为“马站”。

马化腾费了九牛二虎之力，背后支撑他的完全是一种精神驱动力，因为像惠多网这样的 BBS 在当时是不牵涉商业利益的，它只是一帮爱好计算机的年轻人联手构建的精神家园而已。借助这个桥梁，大家互相交流工作和生活，分享喜怒哀乐，体验别样人生。

马化腾一边忙着照顾 Ponysoft，一边还要做好润迅的工作。不过这个时期，他的工作重心开始渐渐转移到惠多网上，因为上面聚集了越来越多的高端互联网人才，他可以从这些人那里获得很多前沿信息。

有意思的是，当年参与惠多网建设的很多人中，有不少后来成为了中国互联网的先行者，比如金山软件公司的求伯君，当时出任珠海西点的站长；8848 网站的董事长王峻涛，当时出任福州站的站长……物以类聚，人以群分，马化腾不断借助平台的力量和圈子的力量，让自己走向更高的山顶观赏更广阔的风景。

甘于蛰伏，敢于爆发，这是马化腾的成功特质之一，也是很多人不容易把握的东西。马化腾懂得何时出击，懂得何时收手，这有赖于他能理性地认识自己和所处的环境，因此极少做出错误的决定。在一边打理 Ponysoft 一边上班的日子里，马化腾虽然有些分身乏力，却提前演练了互联网公司的主管角色，这可是花钱都买不来的机会。

一次，马化腾在接受《外滩画报》采访的时候曾经表示，他在资本市场上是一个企业家，而在技术领域却是一个工程师，相比之下，他更喜欢工程师这个角色，也对编程有着始终无法磨灭的兴趣。据说，当腾讯的产品越来越多的时候，马化腾还偶尔会客串“首席体验官”的角色，他不仅亲自对公司的各项产品进行尝试，也对其他公司开发的产品试用。马化腾曾经自豪地对外宣称，他使用过所有的即时通信软件。

在互联网中冲浪的马化腾偶然间接触了一个名叫“ICQ”的通信软件，一下子被深深吸引住了，而他的人生也由此迎来了一个至关重要的转折点。平庸向左，崛起向右，马化腾终于坚定地向右打轮，从马站这个弹丸之地飞驰而出。

IM 是个好东西

IM 是什么？它是 Instant Messaging 的英文缩写，翻译成汉语就是“即时通信”的意思。顾名思义，“即时”指的是当下，甲想乙了，就“IM”一下对方，乙如果在线就可以看到信息并马上反馈。无论两个人身处何地，距离有多么遥远，都能通过即时通信时刻联系。

这是一种“完爆”古人“飞鸽传书”的交流方式。因此，自从 IM 类软件诞生之后，很快就成为了网民广泛使用的通信工具，无论是使用人数还是使用频率都是其他软件难以比拟的。经常上网的人都深有体会，在电脑打开之后，大家第一个打开的软件往往就是 IM 软件，因为大家都想看看是否有好友给自己留了言。

从技术的角度来看，IM 是对其他通信工作或者通信软件的一种颠覆和超越：它既具备了电话的即时性，同时还具备了电子邮件的并发性，算是人与人之间交流的“第三类接触”，而且它的优势要大于前两种。

从目前流行的即时通信软件来看，它的功能非常强大，内容也是无比丰富，因为随着IM软件的不断更新和完善，它已经不再单纯具有线上沟通的作用，还集成了语音聊天、电子邮件、网络会议甚至短信等功能，成为一个地地道道的“大杂烩”。而且，这道“大杂烩”杂而不乱，用户只需很短的时间就能熟悉并掌握它的操作技巧。

IM的鼻祖是三个以色列人——名叫瓦迪、维斯格和高德芬格的三个毛头小子。起初，他们只是一群热爱计算机技术的小网虫，打算开发出一个可以供他们三个人之间随意聊天的工具而已。然而犹太人的智慧注定这个小软件无法平庸，他们最终将这个小程序变成了一个可以广泛联系很多人的网络通信工具。

当时，三个犹太小伙子将他们为之自豪的软件命名为“I seek you”，英文的意思是“我在寻找你”。为了叫起来方便，就根据发音直接简化成“ICQ”。随着ICQ程序编写得越来越成熟，他们就成立了一家名叫“Mirabilis”的公司，正式向大家提供ICQ的服务。经营到最后，ICQ的巨大商业价值和发展潜力引起了很多人的注意，于是犹太小伙子们将ICQ以2.87亿美金的价格卖给了“美国在线”——全球最大的网站之一。

不得不承认的是，以色列人在通信软件的开发方面有着他人难以比拟的创新天分，比如像“Skype”这种被认为能改写互联网甚至整个电信版图的语音通话软件，同样是以色列人发明出来的。

ICQ进入市场之后，很快受到了广大网民的青睐，并很快成为了人们日常网络生活的主宰。有意思的是，即便是当时互联网比较落后的亚洲地区，ICQ的用户数量也从0%猛增到70%！在中国，ICQ 的用户市场占比达到了 80%。

至此，ICQ 从地中海西岸走向了全世界，融入到了无数网民的日常生活中。

能够在短短的时间内征服全球这么多的用户，可见 ICQ 的能量相当巨大。然而让人扼腕痛惜的是，ICQ 这个互联网“神物”并没有在中国持续发展下去，反而出现了倒退和萎靡，直到今天已经没有多少人还记得它的大名了。

应该说，在互联网群雄并起的时代，谁占据了先机就占据了相当大的优势，可是 ICQ 在中国却失去了攻城略地的最佳时机。究其原因，主要有三点：

第一，输在了经营理念。

ICQ 没有意识到自身的诞生代表着一场现代通信的技术革命，所以没有将整个世界当成它未来要开拓的市场，反而是象征性地、试探性地在全球范围内推出了英文版。更糟糕的是，当一切数据充分显示了 ICQ 广受用户欢迎之后，其经营者也未能及时调整市场战术，而是继续墨守成规，结果手中掌握的良机一再被延误，最终被后来者反超。

第二，输在了使用环境。

IM 是什么？它应该是一个能够跨越地域和各种限制的网络交流工具，所以从这个角度来看，软件兼容程度和用户使用习惯等因素，都注定了 ICQ 难以在国外成功大面积地移植和嫁接，特别是在其主观未能采取积极措施的前提下，这种 ICQ 用户和非 ICQ 软件用户之间的沟通障碍就无法攻克。当然，这也是 ICQ 无能为力的客观因素。所以，这样一来，ICQ 的拓展范围和耕作深度就被大大地束缚住了。虽然美国在线曾经将 AIM 和 ICQ 这两个聊天软件进行了整合，造出了一个功能简约的ICQ Lite版本，然而在中国大地上却难以广泛推行，结果还是以失败告终。

第三，输在了语言障碍。

ICQ有着本土即时通信软件没有的致命缺陷——语言。自从ICQ推出之后，除了英文版之外很难看到其他版本，这对于非英语国家的用户来说，想要上手操作始终存在着很大的困难，所以在中国，除了一些英语素质较高的用户能够随意使用之外，其他的用户迫切需要的是不存在语言障碍的本土即时通信软件。

虽然ICQ未能在中国互联网这个巨大的平台上走得更远，但毫无疑问地，它开创了即时通信的先河，引起了无数人的关注和思考，让大家突然意识到：原来在互联网上还可以这么玩，经由一根网线就能联络上远隔万水千山的人。

其实，互联网经常带动的是一种观念上的革命，而并不仅仅是技术上的革命。因为IM软件本身并不需要多么高深的计算机技术，关键在于它的观念是超前的，这种观念会影响一批人去研究它、改进它乃至超越它。谈到ICQ对中国的影响，受益最大的恐怕要属马化腾了。

马化腾作为一个资深的计算机爱好者和老牌网民，很早便接触到了ICQ，很快就被它的科技魅力所感染，玩得是不亦乐乎。他经常通过ICQ和朋友在线上交流，徜徉在互联网时代的奇妙沟通方式中。

不过，马化腾从来都是“寓思于玩”，所谓的“玩”只是他感性地认识某个事物的方式和过程，而并非是最终目的。在接触了ICQ一段时间之后，马化腾忽然意识到：中国有十几亿的人口，对IM软件是有着巨大的刚性需求的，犹太人能开发这样一个小玩意儿，中国人又何尝不需要一个本土的 IM 软件呢？

马化腾这一琢磨不要紧，他所考虑的不仅仅是开发一个即时通信工具的问题，他还想将这个软件做大做强。几年的“站长”经历已经不能再填满马化腾的“胃口”了，他要拿出更多的时间和精力，在互联网群雄逐鹿的时代找到安身立命的山头，由此，他的创业生涯也悄然拉开了序幕。

人尽其才干革命

在润迅工作的最后那段日子里，马化腾过得并不轻松，或者说过得并不快乐。当时，他已经是润迅的开发部主管，由于业务和市场的限定，他必须按照公司的要求将大部分精力放在传呼业务上。相对地，他所提出的有关互联网方面的开发建议却得不到重视。

2010 年 4 月，马化腾在接受《中国企业家》采访时说：“那个时候我开始思考互联网能带来什么，因为当时在做传呼，第一个想法就是把网络传呼这个概念引进来，通过互联网来传呼，把内部的系统接起来，当时以为这可以给传呼业带来一点高科技色彩，能够延缓（传呼业的衰落），因为当时（公司包括整个传呼业）压力很大了。其实手机一开始出来，短信一普及，我就知道传呼机肯定是完蛋的，就变成夕阳产业了。”

兴趣不一定非要变成工作，但如果所从事的工作和自己的兴趣相差太远，也是让人不舒服的。当时的马化腾就经受了这种负面的体验，而且他也意识到润迅这样的战略规划其实是背离了互联网发展的大方向。

其实当时不光是润迅缺乏战略眼光，整个传呼行业也没有认清自身黯淡的前景，一时的繁华让整个行业集体性地“失明”——丧失了必要的警惕意识和战略眼光，因此没有人及早地进行转型，以至于市场的拐点降临在2000年的时候，几乎所有的传呼公司都是一片慌乱，这才想起要开拓新的业务模式。到了2001年，传呼业务逐步走向死亡，在2002年则全线陨灭。最终，一度风光无限的润迅，将自己仅剩的一些客户无偿让给了联通。

除了传呼行业的衰败之外，还有一个外部因素影响着马化腾对未来的决策，那就是当时的丁磊将用7个月写成的网易免费邮箱以119万元的价格卖给了广州的飞华网。马化腾敏锐地意识到，互联网绝对是一座等待着有识之士去开发的“金矿”，而且机遇稍纵即逝，他不能再等待下去了！与此同时，马化腾的朋友圈子中，也有人给了他自己出去干事业的精神动力。当时有一个南京的网友，总能给马化腾一些宝贵的建议和鼓励，让他坚定了创业的信念。

此时的马化腾已经不再满足于做一个“IT技工”了，他想要在更广阔的领域中发挥自己的才干，也想让他头脑中的一个个构想变成现实。当然，那时候他可能不会想到腾讯今天能有如此辉煌的成就和地位，其实他的创业想法很简单：就是想不断地在互联网上探索出一条新路，以提升自身的价值。另外，他通过股票分析系统赚到了第一桶金，也由此在资本市场里积累了一定的创业资金，有了相对丰厚的物质财富作为基础。这样，马化腾就不必为了生计而奔波劳碌了，他能够将更宝贵的时间和精力用在他热爱的行业中。

曾经有一个传闻说，马化腾当时在润迅提出了要开发一个类似于 QQ 软件的东西，然而这个富有前瞻性的提议却未能引起润迅高层的关注，因为他们还无法认识到这样一个小软件能有什么发展前景。当时虽然也进行了讨论，不过让大家感到疑虑的是，这样的软件到底收不收钱，如果收钱会有人买来用吗？如果不收钱做它还干什么。

润迅高层之所以有这样的想法，是因为他们在当时还看不到客户资料的重要性，而是将全部注意力放在了赚钱上。事实上，那些有着极高忠诚度的客户才是商家最重要的资源和财富，不是能用钱来衡量的。也许正是因为这样一个原因，马化腾认识到了自己和润迅是“道不同不相为谋”，所以才打定主意自己创业。

不过值得注意的是，马化腾当时在润迅并没有显出什么特别之处，一些老员工在回忆他时，几乎都用了“没想到”“当年其实不起眼”这一类的词汇来形容他，可见马化腾在润迅是一个很低调、很不显山露水的人，或许这就是厚积薄发的一种个人魅力。

1998 年 10 月，马化腾正式向润迅提交了一封辞职信。公司对于这样一个人才的流失，自然是有些不舍，但最终也没怎么挽留就“放走”了马化腾。

1998 年，中国的互联网进入到一个高速发展的时期，在这一年，张朝阳创办的搜狐、周鸿祎创办的3721，都让活跃在 IT 界的有志之士感到兴奋，他们纷纷投身创办互联网公司，准备在这个全新的战场中一展身手。

马化腾当然也不例外，尽管他对具体要开创的事业还没有一个清晰的思路，但是大的方向已经确定了下来——传呼和网络。马化腾之所以认定了这两个目标，是他认为自己拥有了 5 年的网龄和相应的职业经验，因此这些资本的积累会帮助他在这两个方向上有所作为。

不过，单靠一个人创业肯定不行，他需要寻找一些志同道合的战友。

第一个战友是张志东，他是马化腾在深圳大学的同学，两个人同在计算机系学习。张志东毕业之后，去了华南理工大学攻读计算机硕士学位，硕士毕业后又回到了深圳，在当时比较著名的黎明电脑公司工作，主要做深沪两市的证券交易软件。

黎明电脑公司在当时的IT业是一家赫赫有名的公司，它得到过茅道临所代表的华登风险投资的支持，其创办者邓一明是深圳IT业的头面人物之一，后来还帮助腾讯寻找资金支持。后来腾讯的12位个人股东之一的“天使投资人”刘晓松，也曾经在黎明电脑公司任职过。

张志东个子比较矮，长着一张圆脸，说话的时候总是面带微笑，然而一旦和马化腾争论起有关技术的问题时，他就会显得比较偏执甚至会脸红脖子粗，所以熟悉他的人送给他一个“冬瓜”的外号。后来随着腾讯的发展壮大，张志东的“冬瓜”的外号也变成了英文名Tony，这显出了大家对他的喜爱和尊重。

张志东和马化腾比较相似，也是一个技术型人才，当初两个人在深圳大学念书的时候，都是系里技术拔尖的那一批人，而张志东又是尖子中的尖子，哪怕是将他放置于深圳的计算机发烧友中，也是数一数二的。而且，张志东同样是个工作狂，除了计算机之外只有象棋这个爱好了。他在黎明电脑工作的时候就一直很努力，总是加班到深夜，而到了第二天凌晨还要继续工作。

QQ的架构设计始于1998年，然而十多年过去了，用户数量猛增，这个框架却还很适用，足见张志东的技术水平非同小可，甚至说是高得难以想象。另外，张志东和马化腾一样，都是比较低调的人，当别的公司创始人纷纷买别墅、开游艇的时候，他还只开着中档车。后来，张志东身边的人说，他从来不依靠这些物质上的东西来证明自己。

在马化腾和张志东创办腾讯后的一个月，腾讯的第三个创始人加入了，他就是曾李青。

曾李青本科就读于西安电子科技大学，和柳传志是校友。当时曾李青学的是通信，所以在毕业之后被分配到了深圳电信，一路走来比较平淡安稳。当时，深圳电脑协会会长的女儿和马化腾、张志东都是从中学到大学的同学，而协会搞活动的时候，曾李青也经常被派出去参加，这样就认识了同被邀请的马化腾和张志东。

曾李青是当时深圳互联网的领军人物之一，他具有开拓者的魄力和勇气，也是深圳甚至国内首个宽带小区的推动者。当时这个项目是个系统集成项目，还差点夭折，不过曾李青还是凭着自己的努力完成了这个项目，而且是以类似做期货的手段实现的，这在20世纪90年代绝对是让人“高山仰止”的。

1998年的秋天，曾李青的事业遭遇到了低谷，他找到了当时深圳电信局局长许文艳，想让对方给自己指点一下迷津——是回局里好还是下海好。后来许文艳推荐他去找马化腾，他这才加入了马化腾的创业团队。当时三个人还分了工：马化腾负责战略和产品，张志东负责技术，曾李青负责市场。

根据腾讯员工的描述，曾李青是腾讯五大创始人中“最好玩、最开放、最具激情和感召力的一个”，跟马化腾的温文尔雅、张志东的极客精神产生了鲜明的对比。在他成为腾讯COO之后，一次会议进行中忽然断网了，技术人员也没及时出现，曾李青竟然当着一群客户和手下，自己钻进桌子底下将线路接通了。

很多人第一次见曾李青的时候，会觉得他比马化腾更像老板，因为他比较富态，穿着上也更商务，在语言表达和人际沟通方面也十分擅长。所以每次他们出去，曾李青都会被外人误认为是大老板，面目清秀的马化腾反而被当成了秘书或者助理。

除了他们三个之外，腾讯的另外两个创始人是许晨晔和陈一丹。

许晨晔是马化腾、张志东深圳大学计算机系的同学，他在从深圳大学毕业后进修了南京大学计算机应用专业的研究生，随后来到了深圳电信数据分局工作，和曾李青曾是同事。许晨晔是一个性格随和、有意见不轻易表达出来的人，是有名的"好好先生"。他最大的乐趣就是跟人聊天。陈一丹原名陈一舟，是马化腾在深圳中学时的同学，后来他也进入了深圳大学，专业学的是化学。因为和另一个互联网名人 ChinaRen 的创始者 CEO 陈一舟重名，所以他就索性改了个新名字叫陈一丹。陈一丹有律师执照，做事严谨，不过有时也不免有几分张扬，总能在不同的时刻激发起大家的工作积极性。

四位战友集齐了，他们是马化腾在创业的道路上的左膀右臂，接下来就是和马化腾一展宏图、开疆扩土的时候了！

2

创业不是打麻将

顶着挫折往前走

1998 年 11 月，马化腾和张志东“合资”注册了深圳腾讯计算机系统有限公司，并且是拿母亲的退休证注册的（当时创办公司的法人代表必须是待业或者退休身份，所以马化腾只好请来了“母亲大人”）。

对于创业，马化腾说要感谢家里人的支持，其中主要是父亲马陈术的支持，而当时马化腾的母亲黄惠卿其实不同意，不曾想最后却阴差阳错地成了腾讯的“董事长”。只是，这位法人代表很少上公司来。不过身为母亲，黄惠卿还是会很负责任地帮马化腾整理财务报表。后来公司搬家，搬那些桌椅板凳的都是家里人，因为公司要节省一切不必要的开支才行。

和黄惠卿相比，马陈术给儿子的帮助显得更大一些。当时，他帮助马化腾做账。后来有风险投资进入腾讯的时候，财务工作人员不是在腾讯公司谈事，而是跑到马化腾父母家里跟老两口直接对账，因为马陈术和黄惠卿都是学会计的。有二位老人掌舵把关，马化腾的账本一向都是认认真真的，从来没有做过半点欺诈的事情。后来公司状况比较好的时候，马陈术也始终不忘记提醒儿子要避免因为公司发展过快带来的资金和合作中的问题。

父母的谆谆教导让马化腾在创业之初奠定了小心行事、谨慎发展的原则，他始终相信：很多意外往往都是在人生最得意的时候发生的，所以一定要戒骄戒躁。

至于为什么将公司取名叫“腾讯”，一方面，马化腾的名字有个“腾”字，另一方面，“腾”也有腾飞发达的意思；而“讯”字更多是因为原公司润迅对马化腾的影响。

在马化腾和张志东联手成立腾讯之后不久，曾李青、许晨晔、陈一丹三个人正式加入。这五个腾讯创始人的 QQ 号，是从 10001 到 10005。

为了各司其职，马化腾在创立腾讯之初就和四个小伙伴划分好“势力范围”：马化腾是 CEO（首席执行官），张志东是 CTO（首席技术官），许晨晔是 CIO（首席信息官），陈一丹是 CAO（首席行政官），曾李青是 COO（首席运营官）。

这五个创始人的股份构成是：马化腾出资 23.75 万元，占有 47.5% 的股份；张志东出资 10 万元，占 20%；曾李青出资 6.25 万元，占 12.5% 的股份；陈一丹和许晨晔各自出资 5 万元，各占 10% 的股份。

尽管在五个创始人中，马化腾出的资金最多，不过他却要求将自己所占的股份降到一半以下，这才成了47.5%的占股。对此，马化腾的解释是："要他们的总和比我多一点点，不要形成一种垄断、独裁的局面。"另一方面，马化腾却坚持自己拿出主要的资金，占大股，因为他不想让股权过于分散，导致在关键问题上没有人能"一锤定音"。

那时候腾讯公司规模很小，几个创始股东们都挤在了深圳赛格科技园4楼一间几十平方米的小厂房里。由于条件艰苦，马化腾和他的团队成员过着非常"IT"的生活方式——饿了吃盒饭，困了睡沙发。

腾讯在创立初期，几乎没有什么业务。马化腾和他的创业团队们也在步履维艰地行走着，他们时而困惑时而感慨，困惑的是他们还没有清楚地看到未来的出路，感慨的是创业的日子真的让人备受折磨。

在那段困难的日子里，马化腾他们最害怕的就是周末。因为公司的办公场地是租用的房子，需要缴纳水电费，如果周日加班，机房就必须时刻运转，相应地就要消耗一定量的用电。这些在当时看来"庞大"的开支，几个创始人还是想能省则省的。

正是这个在当时看来不值一提的小公司，在创业之后的第十个年头即2008年，向世人展示出了一组"恐怖"的数据：QQ用户总数达到8.562亿，其中活跃用户达到3.551亿，最高在线用户数达到4530万；互联网增值服务付费包月用户数为3030万，移动及电信增值服务付费包月用户数为1480万；腾讯第三季度收入高达20.245亿元，比同期的阿里巴巴、百度加起来还多5亿多元，而阿里巴巴和百度分别是中国第二大、第三大互联网公司。

腾讯的启动资金是50万，在当时，50万绝不是一个小数目。不过对于比较烧钱的互联网企业来说，如果找不到实力更雄厚的投资方，找不到盈利点，多庞大的启动资金都会有花完的那一天。

那么，腾讯到底要做什么样的业务呢？

当时马化腾的野心还十分有限，并没有后来那种“指点江山，谁与争锋”的霸气。他无非是想将互联网跟传呼机紧密地联系在一起，做出一个无线网络传呼系统。所以，腾讯最开始的主要业务是为深圳电信、深圳联通和一些传呼台做项目。而马化腾最感兴趣的IM软件开发暂且是一个可做可不做的副产品。

为什么是可做可不做呢？

答案和马化腾在润迅提出建议时被高层否定的原因一样：大家还看不到这种即时通信软件的盈利点究竟在哪儿。当然存在区别的是，马化腾深知它是一个有着发展前景的新生事物，但对于创业伊始的腾讯来说，一上来就投入资金开发真是有些吃不消，所以只好暂且将其搁置了。

当时很多有志于创业的IT界人士都会选择一个比较受大众网民欢迎的软件，然后对这些软件进行汉化，因为大多数的软件都是从国外传过来的，这也是整个中国IT业的一种潮流走向。比较典型的例子是硬件产品“汉卡”，软件产品中比较有名的是汉化的中文平台，还有当时丁磊的个人主页服务以及虚拟社区，都是经过汉化而完成的产品，另外当时最为盛行的免费电子邮箱系统等产品，大部分也都是经过汉化的，其基本的思路和Hotmail别无二致，区别就是汉化者用自己编写的代码重新构造了内核。

马化腾他们刚开始并不懂得市场营销，也不懂如何才能有效地运作自己的产品，只是从一个技术员的角度出发把东西做好，剩下的事情全凭运气。他们拿着自己的产品向运营商推销，却常常吃到闭门羹，甚至有些运营商一听说是“腾讯”的，连见面的兴趣都没有了。

面对产品推销的不顺，马化腾确实感到了一种挫败感，这和过去给润迅打工完全不同，过去是给公司给老板干，很多事情会有人想办法拿主意乃至补窟窿，现在情况不同了，马化腾需要自己想办法解决，要顶住压力继续干下去。

腾讯的五位创始人没有被市场开拓时期的种种不顺所击垮，反而在每一次失败之后，都会积极地互相鼓励：不断尝试之后，总会有用户愿意接受我们。

1999 年 2 月 11 日凌晨，腾讯终于开发出来一个中文的 ICQ 软件——OICQ 正式上线，它成为了腾讯由低谷走向辉煌的重要关键点。

这个 OICQ 和今天的 QQ 差距还是很大的，准确地说，它只是一个 ICQ 的中文版而已，没有添加什么特别的创意，也正因如此，很多人后来给腾讯扣上了“抄袭”的帽子。

事实上，在中国早期的互联网领域中，类似 OICQ 这一类复制国外软件和网站模式的例子屡见不鲜，这也是很多互联网企业谋求生存和发展过程中的必经之路。这种必然不是一种主观意愿上的“乐于抄袭”，而是客观条件制约下的“不得不抄袭”，或者更精确地讲，是一种“学习加上抄袭”的套路。

试想一下，当时腾讯只有区区十几个员工，资金不过百万元，他们也想自主研发属于自己的软件，但是受制于技术和资金，只好奉行了“拿来主义”。不过，也正因为当初的腾讯还是这样的小公司，有着“船小好调头”的优势，也不易引起别人的关注。所以在 OICQ 推出之后，ICQ 的东家美国在线没有发现在遥远的中国还有这么一个“孪生兄弟”。

在创业的道路上，怎样选对一条有发展前景的路至关重要，因为很多新生事物存在着太多的不确定性，谁也无法事先预料结局。而复制和学习的好处就是能够避免一些不必要的风险。

其实在马化腾开发 OICQ 的时候，中国市场上早就有其他版本的汉化 ICQ 了，然而马化腾还是要坚持做下去，这是因为当时电信部门比较重视增值服务，而广州电信在这一块还有特别的预算，所以有不少做即时通信产品的企业都对这块肥肉虎视眈眈。

OICQ 出来了，马化腾下一步要做的就是如何将这个软件变成钱。于是，他们开始寻找合适的买家。当时，国内的一些邮局和银行系统，经常会拿出一两千万去做一些项目，对腾讯这样的互联网企业来说绝对是很好的商机，马化腾等人积极联系了一些公司和单位，向他们推介 OICQ 这个项目，报价是 30 多万。

这一次投标马化腾没有成功，输给了有广州电信背景的飞华公司。

腾讯竞标失败自然不是一件好事，但是从现在来看，这却是一件天大的好事。因为如果腾讯竞标成功，那么 OICQ 的专利权就会流落到他人之手，从此将和他们彻底无缘了。

后来，当马化腾回忆起这段往事的时候，感到非常庆幸，他知道，如果当时有人反对继续做 OICQ 的话，他们也许就会和这个软件说“拜拜”了。

在马化腾看来，所有的困难和压力都只是暂时的，只要坚定地做好当下的事，转机和时运迟早都会到来。

“帝企鹅”是怎样炼成的

OICQ的时代到来了。

在仿制ICQ的时候，马化腾他们发现了ICQ自身存在的一些缺陷。比如，ICQ将所有的信息都保存在用户端，一旦用户换一台电脑登录的话，之前添加的好友将全部消失不见；而且ICQ只能和在线的好友聊天，也必须按照用户提供的信息来寻找好友，搜索能力很弱，用户体验还有很多提高的空间。

其实，这些看似细微的差别，如果放在中国网络用户使用市场中，是具备了很大的优势的。当时中国很多网民都是在网吧里上网，他们当然希望将OICQ上的信息存入服务器而不是用户端。马化腾在认识到ICQ存在的漏洞和不足之后，便着手进行改进。很快，他编写出了一套服务器中断信息保存的程序，无论用户更换多少台电脑，在登录OICQ时都会保留之前添加的好友。与此同时，马化腾还将前后两端的功能按照用户的需求进行了有机的结合，让用户的体验快感达到最佳程度，比如，用户可以对离线的用户留言，只要对方上线就可以看到消息；用户可以根据在线用户的名单任意选择聊天对象。此外，OICQ还有一个重要的特点，那就是它可以让用户选择个性化的头像。几年之后，MSN才推出了类似的功能，由此可见马化腾对ICQ的改进价值有多大了。

在OICQ推出之后，它自身具备的优势立刻吸引了一大批用户，人们发现它和之前的ICQ相比，虽然在很多模式上非常相像，但是在功能上却有了很大的进步和超越，OICQ的人气越来越旺。马化腾看着日益增长的用户数，对OICQ也越来越有信心。

如何让更多的潜在用户了解和使用 OICQ 呢？办法只有一个：宣传再宣传。

马化腾深知，现代商业是需要高明的营销手段的，主要的手段就是商业宣传。纵观那些得到海外投资的中国各大门户网站，无一例外都是在做“广告轰炸”，其覆盖面之大让人叹为观止。

相关数据显示，1999 年到 2000 年，中国互联网行业在报纸和电视台做的广告花费超过 1.5 个亿。此外灯箱广告也成为互联网公司的常用宣传手段。其中，在“北上广“这样的一线城市，搜狐、新浪、易趣等网站构成了户外灯箱广告的主力军，也是曝光率最高的。

当时的腾讯公司还没有得到任何风险投资，只有启动资金那么一点钱，如果拿出几百万去做宣传，小企鹅能活活饿死。思前想后，马化腾只能另外寻找新的出路。很快，他将宣传推广的心思放在了 BBS 上。为此，他独自一人跑到国内大学的一些 BBS 上发帖灌水。

不得不说，马化腾的这一招还是非常管用的，也体现出了他敏锐的战术眼光。因为我国的互联网起步比较晚，能接触到它并熟悉掌握的大部分都是年轻人，而大学生又是年轻人中的主力军：他们对互联网充满兴趣，喜欢上网也了解网络，所以将目标用户锁定在他们身上，要比放在灯箱广告牌子上更有实用性和针对性。很快，OICQ 的用户群就被这些“天之骄子”们迅速占领了。

马化腾的另外一个推销地就是网吧。因为那时候家庭电脑还是比较少见的，人们上网的主要途径是去网吧。而网吧电脑里总会有各种已经下载好的休闲娱乐软件，网吧的这种“捆绑式软件”成为宣传 OICQ 最好的手段之一。

没过多久，马化腾的“企鹅时代”就到来了：1999 年 11 月，OICQ 的用户数量猛增到 100 万，2000 年 4 月则达到了 500 万！

2001 年 5 月 9 日，美国在线的 ICQ 用户数量突破了 1 亿大关，这个成绩让美国在线彻底消除了对即时通信的怀疑，让他们看到了在 1998 年投入 2.87 亿美金买下 ICQ 是多么明智的决策！不过，美国人并没有笑到最后，到了 2001 年底，中国本土的 OICQ 用户数量超过了 9000 万！更让人们感到吃惊的是，OICQ 的用户数量差不多以每天 39 万人的速度持续增长，这意味着 OICQ 比肩乃至赶超 ICQ 只是一个时间问题。

要知道，OICQ 实现用户数从 0 到 9000 万的增长只用了 3 年的时间。虽然从数字上来看，腾讯的成长似乎没有耗费多大的力气，然而马化腾和他的团队在这期间经受的磨砺和考验绝对无法用一个快速增长的“3 年”一笔带过。而随着 OICQ 的迅速走红，ICQ 终于发现了这个在悄悄成长的“孪生兄弟”，对它的来源与合法性提出了质疑。于是，一场有关技术专利的官司就在所难免了。

OICQ 走红了，ICQ 脸青了

1999 年 8 月到 9 月期间，腾讯收到了来自美国在线发送的两封律师函，函件中指出，ICQ 是他们的专利，而腾讯在 1999 年 1 月 26 日注册的 oicq.com 和在 1998 年 11 月 7 日注册的 oicq.net 两个域名中都包含了“ICQ”，这是对他们的知识产权的侵犯。美国在线提出，腾讯应当将 oicq.com 和 oicq.net 这两个域名免费转让给他们。

对于这样的两封律师函，马化腾也没有做出什么明确回应。然而美国在线似乎是动了真格的，他们于2000年3月3日正式向美国明尼苏达州的全美仲裁论坛（NAF）递交了一份起诉书，同时以律师函的形式通知腾讯向全美仲裁论坛提交域名争议答辩书。

在这份新的律师函中，美国在线还特意指出，他们曾打过一个有关“smsicq”的案件，并且赢了官司，言外之意是法官会以之前的案例作为参考，腾讯将注定输掉这场官司。

尽管在域名这个问题上，美国在线似乎占了不少理，不过腾讯还是为OICQ进行了答辩，他们尖锐地指出OICQ毕竟不是在美国境内注册的，甚至也没有在中国国内注册，根本和ICQ扯不上什么关系。虽然这个申辩的理由也同样坚挺，但是全美仲裁论坛似乎并不买账。

在这次“辩论大赛”中，双方都是剑拔弩张、互不相让。美国在线指出，腾讯曾经用数字0来代替字母o，注册了一个0icq，这体现出了一种恶意的态度。腾讯也寸步不让，指责美国在线在正式诉讼开始之前的一个月，恶意注册了一个oicq. org的域名，这显然是对方为了达到其目的而采取的阴险招数。

2000年3月21日，一位名叫詹姆士·卡莫迪的仲裁员签署了仲裁判决书——腾讯须将oicq. com和oicq. net这两个域名还给美国在线。

2000年的一天，www. oicq. com忽然出现了万人同时掉线的事件，这个域名就是腾讯曾经用过的域名之一，不过这次掉线并非有人恶意“黑”腾讯，而是腾讯自己所为。这样做是迫于美国在线施加的压力。

对于腾讯输掉这场官司，一些业内人士并不觉得意外，因为早就有人指出，ICQ是美国在线的注册商标，所以凡是在名称中使用

ICQ 字样的同类型软件都涉嫌侵犯了美国在线的商标使用权。

官司输了，OICQ 的人气并没有输。马化腾也没有太在意域名的更换和转让，甚至没有将这次更名事件作为一个特别的公告向用户告知，一切都在平静中悄然进行着，不过一些细心的用户发现了变化。

2001 年 3 月 25 日，一直以“OICQ2000”为名字的小企鹅，在之后推出的 0325 版本中，安装文件改成了“QQ2000”，等到软件安装结束之后，在版权说明中也将之前的“OICQ2000”改换成了“QQ2000”，软件面板左下角处的主菜单按钮上的 OICQ 字样也被 QQ2000 所取代。

为什么 OICQ 忽然变成了 QQ 呢？

其实，早在美国在线和腾讯打官司之前，很多用户对 OICQ 这个名字就感觉有些别嘴，所以在日常交流中以“QQ”来代替。后来，腾讯也了解到用户的这个习惯，干脆将 OICQ 改成了 QQ，这样既免去了专利之争，也符合了大众的习惯。QQ 这个名字也更符合互联网称谓的惯用法则：简单、上口、可爱。

实际上，马化腾对 QQ 名称的及时更改，是一种很高明的经营策略，它避免了和 ICQ 发生更深度的法律碰撞，避免了官司缠身的厄运。更让马化腾欣慰的是，对于 OICQ 这个名字的消失，广大用户没有表现出异常或者不接受，相反还觉得是一种进步。这大概就是不幸中的万幸了。

腾讯的名字发生改变之后，头像也跟着一起变了脸。当时很多用户的反应是：新头像比之前的更漂亮了。

头像的变化其实并不是设计上的考虑，而是肖像版权问题。腾讯最初的头像都源自于已经流行了的卡通形象，比如唐老鸭、加菲猫、皮卡丘、大力水手、蓝精灵等。后来，与美国在线的一场官司让腾讯对版权问题更加重视，所以才将这些涉嫌侵犯版权的头像全部更换掉了。

虽然 OICQ 已经远去，但是新生的 QQ 似乎具有更顽强、更本土化的实力，给马化腾和腾讯带来了勃勃的生机，也为腾讯开启了一条越来越宽广的发展之路。

一分钱憋倒英雄汉

随着 QQ 的普及和用户群体的扩大，这只历经磨难的小企鹅已经成为了广大网民经常使用的 IM 软件之一，伴随着 ICQ 在国内用户的逐渐减少，浴火重生的 QQ 用户与日俱增，那只可爱的小企鹅真正地融入到了人们的日常生活中。

然而问题也随之而来，在马化腾还没有找到可以赢利的方式时，小企鹅渐渐长成了一个喂不饱的“七把叉”，食量惊人。原因很简单，随着用户数量的不断增加，腾讯所需要的服务器数量也在增长，基本上每个月需要增加两台，而服务器需要花钱，日常的维护和管理也需要花钱，这些投入是根本省不出来的。

2002 年，马化腾在第三届西湖论剑上回忆道：“创业的第一年里，我们一直喂不饱那只小企鹅，赚钱的模式看不到。那个时候时间好像过得特别快，稍微一眨眼一个月就过去了，意味着你又要给员工发工资了。为了那只喂不饱的小企鹅，我们到处去蹭服务器，还到各大高校网站的聊天室里去灌水。起初很多人还看不上 QQ（OICQ），一边用一边嘟囔着‘这垃圾，要不是上面美眉多，我才不用呢’。女孩子是吸引男孩子的动力，提升了用户的感受，QQ 的用户数就腾腾地往上蹿。”

缺乏资金和技术，是当时很多创业的互联网公司都要面对的境遇。穷得连一两千元的服务器托管费都承受不起的腾讯。为了少花钱，甚至会到处去蹭别人的服务器用，从最开始的普通计算机到具有宽带条件的机房，有时候，他们还会将程序悄悄放入别人的服务器里偷偷运行。

面临着缺钱的窘境，马化腾一度减少了用户账号的放出。不过这毕竟只是权宜之计，也是和扩大 QQ 用户群这个长远战略相违背的。

上线后不久，腾讯的账户上就只剩下 1 万多了，为了公司 18 名员工的利益，马化腾艰难地做出了出售 QQ 业务平台的决定，摆在马化腾和其他创始人面前的路只有一条：卖掉小企鹅。于是，马化腾开始和一些有意购买 QQ 的公司进行了实质性的谈判。

其实，马化腾何尝不想好好养活这只小企鹅？可是却心有余而力不足，那就找个买家将其“包养”吧。想要找一个合适的买家谈何容易？在互联网企业日益增多的掘金时代，想要得到资本援助的企业遍地都是，而任何一个投资者也不是傻子，他们会小心再小心、谨慎再谨慎地选择投资对象，这给小企鹅的出售带来了一定困难。

当时，马化腾找了不少 ICP（内容提供商），结果他们无一例外地要求独家买断。这是马化腾无法接受的，因为他还想靠着小企鹅多卖给几家公司赚钱。于是，马化腾又在琢磨能否“打包”卖给某个人。为此，他先后找了好几家公司商谈出售 QQ 的事情，然而最后都是因为价格问题不欢而散。

后来，终于有一个买主找到了马化腾——深圳电信数据局。

深圳电信数据局将腾讯所有的计算机连同桌椅板凳都查了一遍，最后说只能给出60多万的价格。马化腾的心理价位是100万，心想就差40万，干脆卖了吧。结果当对方开始搬东西的时候，马化腾突然后悔了，终止了交易。

再后来，马化腾想到了丁磊，想到学习网易卖免费电子邮箱系统那样，帮着电信部门做一套有一定用户数量的系统。结果东西做出来了，却没有得到对方的任何答复，最终一套也没有卖出去，全都砸在了手里。马化腾还找到了丁磊，问他对QQ有没有兴趣，丁磊表示没有兴趣，因为他当时的兴趣都在电子邮箱上。

也有人说，马化腾当时还找到了刚刚临时成立的联想投资筹备小组，打算将QQ卖给他们。结果连报告都没有递上去，就被对方的基层员工给否了，理由是他们看不懂腾讯在做什么。

也正是因为贱卖QQ遭遇了太多的波折，马化腾才逐渐打消了卖掉QQ的念头，当然更重要的一点是，QQ用户无时不刻不在增长着，而且就在他打算卖掉QQ的那段时间，短短几个月里QQ注册人数就增加了好几万人，每天都有新用户加入，而老用户的使用粘性依然存在。或许正是这个铁打的数据让马化腾意识到贱卖QQ是一个多么不明智的选择。试想一下，如果马化腾当时真的将QQ卖了出去，估计连肠子都要悔青了。也可能是冥冥之中早有了定数，让马化腾注定“甩不开”QQ，而那些和QQ擦肩而过的无数个买家，恐怕在看到了QQ今天的成就之后也会懊悔不已吧。

正是这段经历，让马化腾深有感触地说了一句话：“要在互联网上掘金就不能只看到眼前利益。许多很有才华的网络人才往往没有注意这一点而失去了长远机会。”

◆黑钻时代——勇者无惧，飙血互联网

3

资本世界的南极狼

把钱借给我

1999 年 11 月，QQ 的注册人数增加到了 100 万人。这个消息对马化腾来说，既有兴奋也有焦急：一方面，QQ 用户越来越多；另一方面，公司承受的资金压力也越来越大。到了 1999 年的下半年，马化腾跟几个创始人商量决定让出一部分股份，进行融资。因为只有走融资这条路，才能将庞大的 QQ 用户作为谈判的筹码。

马化腾在回忆这段往事的时候曾经说："1998 年我刚刚创立腾讯的时候，互联网产业在中国正处在蓬勃发展的初期。当时网民才 300 万，不到现在的零头，现在是超过 3 亿，是那时的 100 倍！那时候的环境还没有这么好，获得风险投资的机会刚刚开始有，但那时候机会也非常小。我们也不太擅长这方面，幸好有高交会，第一届高交会有一个契机，很多投资者会关注深圳这个地方，给我们融资的机会。”

虽然很多互联网公司都通过各种渠道融了资，然而让马化腾失望的是，他的小企鹅走这条路却一点也不顺利。

起初，马化腾想到的是找银行入伙，毕竟人家财大气粗，实力雄厚。可是找了一圈之后才发现，银行这种传统行业和互联网这种新生行业还是存在着很大差别的，银行对 QQ 的注册用户数量丝毫没有兴趣，因为在人家看来这根本不能证明未来的某一天，小企鹅可以通过这些免费的用户赚到什么钱。

马化腾渐渐明白了，对于那些国内的投资方，他们更看重的是腾讯的固定资产的价值，而非虚拟的用户数量，他们甚至连 ICQ 也不了解，更何况是本土诞生的 QQ 了。

马化腾心急如焚，他不能坐以待毙，他得想个办法让这只小企鹅吃饱了继续上路才行。后来，马化腾看到了很多海外融资的案例，发现寻找国外投资机会能更多一些，于是修改了原有的商业计划书，将寻找投资的重点瞄向了海外。

按照腾讯创业初始的规定，马化腾是全权负责融资业务的，不过当时缺钱已成为了燃眉之急，规定是死的人是活的，所以除了马化腾一个人在忙活之外，身为首席运营官的曾李青也帮忙寻找投资。

当时，曾李青的想法是，整个腾讯的公司价值是 550 万美金，希望融资 220 万美金，也就是让出大概 40% 的股份。至于为什么是 220 万美金，这是当时五个创始人共同分析商定的结果，而 40% 恐怕也是大家所能承受的心理底线了。

为了做好招商引资的工作，马化腾他们将计划书改了很多遍，生怕出现一点漏洞。在计划书中，最核心的一条是需要钱购买服务器和带宽，这也是腾讯当时最紧缺的东西。不过关于如何盈利的问题，在计划书中却写得比较模糊，提到更多的是会员费和网络广告。其实，会员费和网络广告这种盈利手段，几乎对很多互联网公司都适用，很难突出腾讯自身的特点和优势。另外，计划书中对短信收费、动漫等增值服务业务也没有提到，而且最有吸金能力的网络游戏也不在计划之列。所以从这份计划书来看，它的亮点实在是太暗淡了。

尽管曾李青在今天已经成为国内最具号召力的天使投资人之一，不过那时候的他对融资还比较陌生，也没有什么便捷的融资渠道。曾李青的想法也很简单，找几个熟人帮忙推荐一下应该就没什么问题了。

曾李青第一个想到的熟人是刘晓松。刘晓松说起来也不算外人，他和腾讯的几个创始人都有不错的私交，他和张志东曾是同事，两个人都在黎明电脑公司工作过。早在腾讯增资扩股到 100 万的时候，曾李青就是从刘晓松那里借来的钱。

刘晓松和曾李青、马化腾相比算是有钱人，不过要靠他一个人拿出几百万美金来，这也是难为他了。所以，刘晓松表示愿意帮助曾李青介绍别人来投资。曾李青非常高兴，并答应以融资额的 5% 作为股份赠送给刘晓松。后来，刘晓松向 IDG（太平洋风险技术基金）的熊晓鸽推荐了腾讯。与此同时，曾李青也托人找到了香港盈科。

IDG 和香港盈科都愿意投资腾讯，不过让他们产生这个想法的并非是马化腾他们弄出来的那份改了 6 遍共 20 多页的商业计划书，而是ICQ以2.87亿美金卖给美国在线的故事。或许这两家公司都觉得，QQ原本是ICQ的汉化版本，就算不值上亿美元，几百万美元的价格也不算高吧。而且，ICQ既然能在全世界火爆起来，那么QQ为何就不能在中国火爆起来呢？

当时，IDG的一位高层对马化腾印象十分深刻，还问他“你觉得你的核心价值是什么”。马化腾的回答是，以色列的ICQ卖了几亿美元，它有多少用户，腾讯现在有多少用户，所以他的QQ就值这些钱。后来，IDG表示他们当初正是因为马化腾的这句话才决定投资的。

对于两家公司的资本注入，马化腾当然表示欢迎，毕竟这是有着深厚企业背景的资金，正好可以拯救腾讯于水火之中。更重要的是，腾讯毕竟只是让出40%的股权，60%掌控在自己手中，五个创始人仍然有着拍板儿决定的权力。于是，在2000年上半年，腾讯经过第一期融资之后，创始员工的股份占比是60%，IDG和香港盈科各自出了110万美金，所以各占20%的股份。

220万美金，在互联网风投中真的是一笔小数目了，因为还有不少企业得到过上千万的资金注入。钱虽然少了些，但也聊胜于无。马化腾手里有了钱，很多想法就可以马上变成现实。很快，他拿着这笔钱改善了服务器和带宽等硬件设施，给公司买了20万兆的IBM服务器，另外也加强了对QQ软件的开发和改进。没过多久，QQ就成为超越同类产品的“上等马”。马化腾曾经回忆说，当那些新设备进入公司之后，他的心里别提有多美了。

马化腾在融资的过程中，前后动了两次腰椎手术。在第二次手术之后，他是高举着笔记本电脑办公的。可以说，创业者能够经历的艰辛，马化腾都无一例外地“品尝”到了。在获得资金援助之后，他开始专心致志地继续做他的即时通信，他相信在很多人眼中看不到未来的 QQ，将来必定会有大展宏图之日。

史上最温柔的融资哲学

在第一轮融资之后，马化腾和他的团队干得热火朝天，那边投资者们却有点坐不住了，因为他们除了看到腾讯买了几台服务器之外，再也没有什么其他的变化。甚至当马化腾再度囊中羞涩，又打算向投资方们借钱时，投资者们一个个都不再是心甘情愿了，他们觉得这个小企鹅简直是一个喂不饱的无底洞，如果再这么折腾下去，就算给他们 100% 的股权也得赔个精光。于是，他们拒绝再借给腾讯一分钱。

当时，IDG 还算是比较积极，到处帮着找接盘人，希望能够让腾讯渡过这个难关。相比之下，香港盈科的态度并不明朗，甚至在某个时间段里，香港盈科表示自己可以考虑跟进，然而过了一段时间，他们又不确定是不是要继续跟进，这让马化腾实在摸不清对方的真实想法。最后，香港盈科由李泽楷本人在香港盈科附近的一家露天茶餐厅里，跟腾讯签署了一个预投资的协议，同时支付了一笔数额不小的定金。

香港盈科一直在观察着腾讯的变现价值，他们认为，腾讯最大的价值在于其有着迅速增长的互联网用户，而这个数据对香港盈科的最大好处是，他们想要将这些用户和电影业结合，为此还特意找来了香港商业片的王牌导演王晶，让他和腾讯面谈，可是也没有什么结果。后来，香港盈科又找到了中公网的谢文，谢文自己的讲述是，香港盈科和他草拟了一份协议，联合霸菱基金给中公网注册6000万美金，在这笔庞大资金开销中，有4500万美金是专门用来收购腾讯的。可惜的是，在这份协议草签后不久，谢文居然被他的同学兼老板给辞退了，于是有关腾讯的收购计划也竹篮打水一场空。

香港盈科还曾将腾讯推荐给自己的关联单位——TOM集团，虽然TOM集团与TOM在线的高层都和腾讯有过往来，然而关于投资腾讯的事最终也是没有了下文。不过，拒绝归拒绝，毕竟已经投入了上百万美元，要是眼瞅着腾讯就这么垮掉了，IDG和香港盈科岂不是白忙活一场，于是他们还是尽量帮马化腾支招。

让马化腾没有想到的是，正当他和团队热火朝天地为小企鹅而努力之际，他们遭遇到了“互联网寒冬”，小企鹅的生存再次面临危机——账面上的钱很快又不够了。

正当马化腾为下一步融资发愁的时候，一个美国人出现在了腾讯的办公室里，他叫网大为，是MIH（米拉德国际控股集团公司）中国业务副总裁。

这个MIH，是从富得流油的南非起家的，他们也绝非一般的投资者，不仅财大气粗而且拥有雄心壮志。网大为所做的主要业务是互动电视和收费电视，那时候就已经达到了年营业额上亿美元，市值则是40多亿美元，实力相当雄厚。他们非常关注中国的互联网企业，很想在这块东方的土地上寻找一个比较靠谱的合作伙伴，由此进入中国市场。

一个偶然的机会，网大为无意中发现中国的互联网都是通过一个名叫QQ的小软件来连接起来的，他意识到这是互联网上最核心的资源，所以就萌生了想要认识这家公司老板的念头。然而刚接触腾讯的时候，网大为却发现这个小公司的老板在网站首页上根本就没有留下手机号码，甚至连电子邮件信箱也没有，只有一个 QQ 号码。更糟糕的是，网大为总也见不到这个老板，而他也不想轻易安装这个名叫 QQ 的软件，因为他觉得里面可能会有病毒。

2000 年 6 月，网大为通过各种途径终于找到了马化腾的联系电话，忍不住给马化腾打了一个电话。网大为清楚地记得，在他介绍自己公司的时候，当时好几位腾讯的创始人都笑了，并直言不讳地指出了网大为公司存在的问题——腾讯知道自己的目标是什么，也知道自己需要什么。

由于网大为非常具有投资眼光，所以他成功帮助 MIH 和腾讯结缘。2001 年，MIH 从盈科手中一举买到了腾讯 20% 的股权，此外还从 IDG 手中收购了腾讯 13% 的股份。不过很快，MIH 就发现自己实在是太胆小了，因为他们看到了腾讯的发展空间，也不想仅仅扮演一个参股投资的配角。

2002 年 6 月，腾讯控股其他几个创始人将自己手中持有的股份出让给了 MIH，腾讯的股权结构由此发生了新的变化。不过在持股比例和公司经营管理的界定上，MIH 和腾讯的高层经过了一番细致的协商：在 MIH 短暂控股的时期，腾讯控股的具体经营管理还是要由马化腾等人来全权负责，MIH 只能派出两名非执行董事，而且不具备具体管理的权力。

对此，马化腾的思路非常明确：钱不是白拿的，但不能让外人控股，更不能让他们插手经营，否则不如不要钱。

记得联想董事长柳传志曾这样说道："从理论上讲，资本似乎永远都应该代表企业的长期利益，但实际上确实有资本本身并不代表企业长期利益的情况。这类情况的第一种表现是资本本身站得角度就不够高。比如，现在在中国香港股市和美国股市上，有很多基金经理现在自身都处于动荡的状态。所以可以理解，他们给出的意见经常不是从企业的长期利益来考虑的。”

正是因为马化腾当时坚持了管理团队控股，所以避免了不少麻烦，这也体现出了他作为一名战略管理者的高瞻远瞩。当然，MIH 为腾讯带来的股权结构也是非常稳定的，这也是腾讯取得成功的重要原因之一。

或许香港盈科也曾经后悔，但是能在 2001 年那样不景气的时代，以 1260 万美元的价格卖掉 110 万美元买来的股权，也是一笔合算的买卖。不过对于马化腾来说，这一次的融资就是一个字——乱。他讲了一句话：“关键是要尽量搞清楚，每个投资者对公司发展是有益的还是阻碍的。”

马化腾在为公司进行第二次融资的时候，两个老股东都给腾讯提供了 100 万美元贷款，然而大家都很清楚这是救命的钱，在这笔钱过后，要么继续将股份让出，要么自动退出。

据说，曾经有员工去找马化腾签字，进了办公室才发现马化腾居然是在这里过夜的。当时的马化腾头发蓬乱、脸色蜡黄、两眼无神、布满血丝，一副非常憔悴的样子。由此可见，马化腾当时承受的压力和抉择是多么艰巨。然而，正是这种迎难而上的劲头，最终让马化腾渡过了难关，也获得了创业道路上最宝贵的经验积累。一边赚钱，一边成长，或许这才是所有创业公司的必经之路。

扭亏为盈

2000 年春天，QQ 突破十万用户同时在线的大关，马化腾委托网友在一个新闻网站发了一篇宣传文章，没过多久，大名鼎鼎的《人民日报》旗下的人民网对这篇文章进行了转载，这件事让马化腾非常兴奋，在公司内部只要看到人就说腾讯上了《人民日报》了。

直到2001年8月份，马化腾的心情多少放松了一些，因为这时候腾讯的业务已经有了新的收入来源。当时，腾讯和广东移动签署了一项合作协议，内容是：经由网络和移动的互通，促使每一个QQ用户都能够和广东地区的任何移动用户凭借QQ和手机短信进行实时的交流，从此让QQ增添了一个新的功能，而这项功能对于新社交时代的网民来说无疑是一个很好的消息。

随着和广东移动合作的顺利进行，腾讯一举实现了扭亏为盈，并且在这一年借着中国互联网进行短信争夺战的机会，很快就占领了短信市场的一半份额。

也许人的好运会接踵而至，在腾讯的业务逐渐好转之后，马化腾逐渐摸索到了更多的赚钱手段，除了短信业务之外，还增加了如广告业务、移动QQ业务以及付费QQ会员业务等。在这些五花八门的业务中，最赚钱的当属QQ品牌外包，这让马化腾赚取了10%的代理费，而当时同样出名的卡通形象Hello Kitty也仅仅达到腾讯的一半。

眼见着小企鹅开始给自己敛财，马化腾也逐渐发现很多之前没有想到能够盈利的领域如今也能掘金。为此，马化腾深有感触地说，他们原本一直没有想通如何通过QQ赚到钱，后来广州的一家公司主动找上门，而且表现出了很大诚意，因为对方上来就扔给他几十万，这让马化腾感到很意外。在这种优厚报酬的吸引之下，马化腾终于长长地呼出一口气，原来在他眼中很难盈利的小企鹅居然蕴藏着如此大的能量，这是他过去无论如何也没有想到的。

这种变化的背后显然离不开马化腾自身的努力，也离不开当时互联网大环境的演进和变化。马化腾当时的想法是，能够在赚钱的时候帮助腾讯进行推广，这完全是一个一石二鸟的好路子。

没过多久，在小企鹅的系统广播中不断播出腾讯已经推出各种 QQ 小玩具的消息，并告知广大用户可以在全国的很多地方买到。从此，QQ 终于从一个简单的即时通信软件变成了一种文化符号象征。这种文化中，既有简单的线上交流，也促使“网恋”和“网友”这样的新鲜名词诞生。

2000 年 8 月，QQ 的信息窗口上还出现了 banner 的广告，三个月之后，它的推广幅度得到了进一步的增强。2000 年 12 月的统计数据显示，腾讯仅仅从广告中获得的收入就达到了150 万元。而当时“网络泡沫”的破裂对 QQ 的影响十分弱小，顶多也就是在2001 年2 月的时候广告量减少了一半，不过很快在3 月份的时候又得到了回升。

眼看着小企鹅一步步崛起，很多人开始琢磨，为什么偏偏是这样一个看似很简单的软件成就了奇迹呢？这其中到底隐藏着什么秘诀呢？其实仔细分析一下，你会发现答案很简单，因为腾讯一直在走低价位路线，腾讯的广告系统达到了 9 万元一次，同时向用户保证能够让广告在一个星期之内至少被 1000 万人浏览到。马化腾之所以敢于对客户做出这样的承诺，主要还是因为 QQ 这个平台太庞大了，其中包容的海量信息足以应付一切。

除了广告这个传统的盈利手段，腾讯还将会员制引入到他们的收费体系当中，这也被称为是第二个印钞机。当时腾讯一共有

3000多名会员，每个人一年需要交纳120到200元的会费。虽然和很多普通用户相比，这个数量实在太少，但对于腾讯而言，这些人就是革命的火种。对此，马化腾还是秉持着比较乐观的态度，他说："一个原因是原先承诺的功能还未推出。另一个原因就是中国电子商务的瓶颈，会费只能汇款或者一卡通划账，相信大多数网友不乐意为了每月20元往邮局跑。"

显而易见，当时制约腾讯会员数量增加的主要因素还是付费手段单一。现在情况不同了，随着网银和支付宝、财付通的发展，任何一个QQ用户都可以在网上轻松交会员费了，因此今天腾讯的会员不会再面临当初的那种窘境。

2001年底，腾讯成功实现了1022万元人民币的净利润，2002年腾讯的净利润则达到了1.44亿元，相比上一年增长了十多倍，而到了2003年的时候，腾讯的净利润达到了3.38亿元，相比2002年翻了将近一倍。到了2004年，腾讯更是实现了11.44亿元营业额的辉煌战绩，同比增长了55.59%。此外还实现了4.46亿元的净利润，同比增长了38.6%。

也就是从这个时期开始，一直一分钱掰成两半花的马化腾才觉得踏实了，他也终于找到了创业有成的感觉。也正是在腾讯获得了赚钱的各种门路之后，马化腾渐渐地被中国的广大网民所关注，他变成了各种富豪排行榜上的新秀。

尽管手里有了钱，社会地位也日益提升，但是马化腾始终不忘初心。他说自己已经养成了一个习惯，那就是每天晚上如果不上网看一下人数，或者不去检查一下服务器的话，就总认为缺了点什么。

或许，这是马化腾从一个辛辛苦苦的创业者迈向一个备受人们关注的成功者的必由之路，很多人见识到了他的聪明才智，很多人也看到了他的鲜花和掌声，然而只有很少一部分人能真切地了解这一切光荣闪耀背后的辛酸和痛苦。

荤素搭配，业务不赔

在腾讯初创的低谷时期，马化腾一直在为他的小企鹅寻找可以赚钱的新出路，他甚至到了“来者不拒”的地步——只要能赚钱，只要能确保以 QQ 为核心，什么赚钱就做什么。于是，马化腾的眼界越来越宽，在不少新领域里发现了新的商机。从另一个角度来看，与其说马化腾发现小企鹅给他带来了新的利润营收点，不如说是他重新认识了小企鹅潜藏的价值。

2000 年底，中国移动正式向广大用户推出了“移动梦网”，当时很多人都只知道这是一个新鲜事物，却没有人能想到，这个新诞生的价值链条将会拯救一大批互联网公司，而其中受益最大的要数马化腾了。

马化腾面临的情况是，拥有着上亿互联网注册用户量，而且这些用户都存在着很大的消费诉求，不过可惜的是，马化腾并没有找到收费的渠道。而移动梦网通过手机代收费的“二八分账”协议，一下子提醒了马化腾，让他在黑暗中看到了一道曙光。

很快，腾讯推出了移动 QQ 业务，没过多久移动 QQ 就成为了移动梦网的中坚力量，在移动梦网中的份额最高时一度达到了 70%。

在 2002 年和 2003 年，腾讯一面推出了“QQ 行”和“QQ 秀”等新业务，一面又加强了学习，开始向用户推出短信、铃声、交友业务和“QQ 男女”等。除此之外，马化腾还跟着盛大学做起了网络游戏。

由此可见，当时马化腾为了让小企鹅增加更多的利润来源，基本上是能赚钱的路都走了一遍。后来有人问他为什么要如此疯狂，马化腾的解释是：害怕用户被抢走。后来，伴随着宽带业务的不断发展，网吧里开始流行一些网络游戏。马化腾说：“从那时起我的危机感就很强，当时微软的即时通信工具 MSN 在中国也起来了，我当时想，是等死还是找死。”

显而易见，马化腾是非常看中用户价值的，也在想办法采用各种方法去黏住用户，而运营网络游戏就最重要的一种手段。不过也有人对他提出了善意的批评，说他不专心，然而马化腾认为只要他还有精力去做，为什么不多做些别的呢？

事实证明马化腾的决策是正确，如果腾讯真的只做即时通信的话，早就死掉了。

和网络游戏相比，马化腾做资讯门户的目的多少有些不太一样，那就是开拓互联网广告市场。因为当时的广告主更希望在有影响力的网站进行广告投放，而当时的资讯门户是最容易建立影响力的地方。于是马化腾觉得，网络游戏的市场规模虽然超过网络广告，然而广告的增长潜力却比网游大很多，所以必须要打造门户网站。

不过矛盾很快也出现了，不少用户已经习惯了 QQ 强调年轻化和娱乐化，小企鹅自身已经有了明确的定位，所以一旦要打破用户心理这种牢固的联系，就需要一个全新的名字和标志才能打造更高端的门户网站。除此之外，马化腾也考虑到必须要让门户网站和聊天工具做出明确的品牌划分。对此，马化腾的解决方法是：在不要娱乐的时候就可以抛弃娱乐，在不合适的场景搞一些活蹦乱跳的企鹅，那就是不明智、不合适，会让用户感到反感。

很快，“腾讯网”在千呼万唤之中诞生了，为了能够将它做成一个高端品牌，马化腾首先同意在门户采编领域大规模地招兵买马，没想到却引发了大门户之间频繁的人员跳槽。另外，马化腾还选择了“赞助2010年上海世博会”的绝好机会来树立综合门户的形象。

根据协议，腾讯要负责“网上世博会”互联网平台的总体集成、运行以及维护，另外还要全面负责世博会网络互动平台、电子商务平台等建设。马化腾表示，将会有更多的人重新认识腾讯，腾讯不单单是一个聊天工具。

在马化腾的大战略策划之下，腾讯的门户网站成功了，腾讯的网络游戏成功了，那么接下来可以在增值服务领域中试试水了。

其实，很多用户对增值服务的概念并不清楚，但如果问他们什么是Q币的话，他们一定很清楚。对于马化腾而言，这些看似微不足道的小东西和网络游戏销售收入的迅猛增长，既保证了公司的正常运转和发展，也为腾讯在门户和电子商务等领域的“圈地运动”铺开了门路。

2001年，腾讯正式发行了120元一年的Q卡，没过多久又开发出了付费的服务“QQ秀”和棋牌游戏。QQ秀是一种带有游戏性质的虚拟装备，让QQ用户拥有选择虚拟着装的权利。不过，有些普通用户也能接受什么都不穿的尴尬。在很多好友都开始“秀”起来之后，QQ秀消费便慢慢流行起来。

据说，当时QQ秀项目在腾讯内部的审批过关时，公司上下曾经对一个80多页的、逻辑缜密的PPT进行了认真的讨论，可见那时候腾讯对它的信心不是很充足。现在可不一样了，QQ秀已经成为腾讯最赚钱的项目之一，也是马化腾在增值业务中开疆扩土的“功臣”之一。

马化腾有一个很精妙的经营哲学，被人称为“三问自己”。据说，他在经营中经常向自己提出三个问题。

第一个问题是：这个新领域你是不是擅长。竞争对手可能对商务、利润、资本感兴趣，然而却未必将客户的需求真正考虑进去。相比之下，马化腾就不会了，他会凭着对网络市场的一种看似模糊却又十分清晰的认识做出敏锐的理解和判断，从而带领公司走向正规道路。马化腾正是用一种比较偏执的兴趣和近乎狂热的热情，给腾讯建立起一个框架。在这个框架之中，马化腾会坚定地将“技术为核心”这个理念运用在他的日常生产和经营当中，注重对技术的开发和质量的提升。

第二个问题是：假设你不做，用户会不会受到损失。其实，开发软件的真正价值在于实用，并非是开发者本身的快乐。马化腾说：“其实我只是个很爱网络生活的人，知道网迷最需要什么，所以为自己和他们开发最有用的东西，如此而已。”

第三个问题是：一旦做了，在这个新的项目中还能保持多大的竞争优势。记得还是在 1999 下半年的时候，马化腾在网络传呼系统市场上越做越大。不过他却面临着至关重要的选择：一方面传呼行业已经显出了颓势；另一方面 QQ 用户数已经增加到了 100 万并且还有增长的趋势。那时候，QQ 还只是腾讯的副产品，马化腾对 QQ 所蕴含的巨大市场价值还没有清晰的认识。因此不管是从技术还是资金上，马化腾都对自己到底能掌握多大的竞争优势缺乏自信。为此，腾讯采取的策略是“三管齐下”。一是把精力投放在完善 QQ 功能和新版本的开发上；二是找寻能够对腾讯进行资金支持的投资者；三是继续加强传统网络传呼系统所带来的利益。

后来的事实很多人也都看到了，马化腾选择的出路是正确的。

对于马化腾的成功，总会有人觉得是他的运气太好。可是马化腾自己却说："在我的生命中，除了工作之外，现实生活中其他事情很少能使我产生兴趣。我对任何事情都很专注，专注使我获得了前进的动力。"

其实，不是马化腾造就了腾讯，也不是腾讯造就了马化腾，而是专注造就了腾讯，而腾讯造就了奇迹。

腾讯上市好，富翁遍地跑

从 2001 年到 2003 年，腾讯的规模和利润都呈现几何级的增长。2003 年 8 月，腾讯创业团队将 IDG 所持剩余股权悉数购回，并从 MIH 手中回购少量股权，经过股权结构的重新调整，最终形成了上市前 MIH 与创业团队分别持股 50% 的股权结构。

认真看一下腾讯 2003 年的财务报表，大家就会知道，腾讯那时候已经不缺钱了。腾讯的公开资料显示，它在 2004 年第一季赢利亿元，比 2003 年同期增长 87%。不过，马化腾不想让自己的资金来源被风险投资所限制，为了形成多元化的融资渠道，稳定企业的正常运行，马化腾开始筹谋着如何融资上市的问题。

这时候，融资对腾讯来说，已经算不上什么难事了，无论是在国内还是在国外，腾讯的大名几乎响遍了整个互联网，也让马化腾的上市工作变得很容易开展。

关于在哪里上市的问题，马化腾说："承销顾问里，六家建议在香港，四家建议在纳斯达克，三家建议两边同时上，搞得我头都大了。香港上市公司的平均市盈率比美国低，但如果我是香港的龙头股呢?”

最终，马化腾选择了与深圳相隔一河的香港。要知道，2000年的时候，新浪、搜狐、网易都是在纳斯达克上市的，马化腾却没有跟着这些互联网大佬们“凑热闹”。对此，他的解释是，香港股市的要求要比纳斯达克严格，只有腾讯上市时连续3年实现赢利，才具备在香港上市的资格，相比其他中国互联网公司，只有腾讯一家做到了。

经过一番积极筹备，2004年6月7日，腾讯控股有限公司以中国内地最大的即时通信产品QQ服务供应商的身份在中国香港创业板公开招股，正式向海外投资者发售股票。这个消息对外公布之后，立即在中国互联网界引起了轩然大波，因为在此之前，几乎没有人听到腾讯准备上市的消息，所以马化腾的保密工作实在是做得好，这让那些天天为头条新闻犯愁的媒体惊慌失措。

2004年6月16日，腾讯控股在香港联交所正式挂牌交易。根据当时每股3.70美元的发行价来计算，腾讯一下子就拥有了62.2亿港元的市值。而经过这次上市，马化腾身边（包括他自己在内）一下冒出了5个亿万富翁和7个千万富翁。

根据持股比例计算，马化腾持有腾讯14.43%的股权，账面财富是8.98亿港元；张志东拥有6.43%的股权，账面财富为4亿港元；而其他三位高层曾李青、许晨晔、陈一丹共持有9.87%的股权，合计约为6.14亿港元。除此之外，腾讯其他7位高层拥有另外的6.77%股权，这7个人的共同财富为4.22亿港元。

上市这条路让企鹅的魅力再一次显现出来。由于腾讯此时此刻已经是深得人心，所以在上市之后很快得到了股民们的全力追捧。尽管大多数投资者都保持着比较理性的心态，不会轻易对某个股票跟进，但腾讯的股票出马不久，超额认购还是达到了146倍。

南非最大的付费电视运营商MIH集团在几年间仅仅花费了4000万美元，就获得了腾讯公司一半的股权。而现在，MIH集团将享受由腾讯带给它的市值超过20亿港元的巨额回报。

那么，腾讯上市之后，马化腾准备将这些募集来的资金用到什么地方去呢？由腾讯的招股文件可以得知，马化腾计划将8.18亿元港币注入到腾讯的新战略方向——即时通信、娱乐和互联网新业务，收购对象可能包括电子商务或音乐领域的增值服务，同时也不排除在未来收购第三方技术开发商和服务提供商的可能。至于剩下的2.5亿元港币，则用来对公司现有的业务进行拓展。

有分析人士指出，从2003年的腾讯盈利情况来看，马化腾即使不进行招股募资，他们也具备了强大的现金流，足够有能力收购国内一些从事即时通信和娱乐新业务的中小型公司。而从2004年第一季度腾讯的收入和盈利情况分析，它同样处于持续盈利的状态。因此，如果单从融资的角度来看，上市并非完全为了钱。

也有一些投资银行认为，是大股东出于套现的目的才促成了腾讯的这次上市。可仔细观察一下腾讯当时的股东组成结构和经营状况，MIH应该已经收回了投资。那么，马化腾为什么要将如此大的一块肥肉送给香港的公众股东呢？

这个答案或许在今天也并不明朗，不过从中我们可以发现，马化腾在香港上市预示着腾讯要坚持本土发展的策略。另外，马化腾在对比腾讯上市前后时也认为，虽然上市后腾讯还面临着一些管理和架构协调的问题，不过公司基本的运作模式已经趋于正规化和稳定化，另外马化腾对企业的规模化和业务发展也有了更完善、更科学的管制机制。如果腾讯不走上市这条路，它日后面临的问题将是后劲不足，缺乏动力。

随着腾讯的上市，腾讯迎来了员工的激励问题。2008 年，马化腾在接受《北京青年周刊》采访时说，对全体腾讯员工而言，腾讯的创始人和股东都非常重要，第一是融资，第二是提高形象，第三是股份流通和期权，而对吸引人才特别是高端人才来说更是重要。

虽然上市有钱花了，但是由此带来的隐患也不容小觑，回顾中国的一些互联网公司，因为早早走了上市这条路，很快就由草根变成了土豪，结果都不可避免地遇到了类似的问题：最早的一批员工因股票而腰缠万贯，导致他们后来的工作动力不足，而那些新来的员工即使努力工作，在收入上也无法跟持有股权的员工相比，就会丧失工作的积极性。

2009 年 6 月，马化腾在接受《21 世纪经济报道》采访时说，他们的老员工目前主要分为两类：一类是确实没有工作动力了，因为一般的激励已经对他们毫无作用了，他们脑子里想的都是自己出去创业；还有一类依然能保持很强的动力，也可以继续成长，即便你没有激励他。马化腾的意思很简单，对于第一种员工，他无能为力。

虽然存在着先来后到的问题，但这个世界很多时候也是公平的，如果一个员工在这个公司待得时间越长，激励每年也会跟着上涨。

马化腾在腾讯上市之后的几年内，一直奉行着股权激励。

2007年12月，腾讯发布了股权激励计划，内容是股份将由独立受托人购入，成本由腾讯支付，计划由采纳日期2007年12月13日起生效，有效期为十年。这个计划规定，董事会授出的股份总数将限制在已经发行的股本的2%，而向奖励个人授出的股份最高不会超过该发行股本的1%。

2008年8月29日，腾讯董事会研究决定，他们向公司184位员工授出万股新股作为奖励股份，这个举措的目的是充分利用腾讯的现有资源来吸引和挽留他们需要的人才。2009年7月10日，腾讯董事会又开展了一项大规模的股权奖励计划，授出万股股份奖励共计1250名员工。可以说，这一次的股权激励动作不小，让人叹为观止。

从股权激励计划可以看出，当马化腾带着他的小企鹅团队走向了新的发展阶段之后，新问题也接踵而来，他只有推出新政策去解决这些摆在面前的障碍性因素，才能驾驭着这艘在互联网大海中疾行的巨舰行走得更远。

4

山雨欲来风满楼

盗号这是为哪般

当 QQ 成为了不少网民上网必备的利器之后，一个很有意思的现象也跟着诞生了，一个无处不在的幽灵时刻缠绕在用户身边——盗号。

如果一个用户有一个令人羡慕嫉妒恨的 QQ 靓号，或者他的 QQ 号里存放着大笔 Q 币，那么这个用户的账号就会变得十分危险，因为有不少闪着红光的贼眼正盯着这个账号，随之而来的就是一双双魔爪。

曾几何时，盗号现象在 QQ 上十分猖獗，很多用户对此深恶痛绝，因为这些大小黑客们盗走的不只是一个虚拟财产而已，还连带着无数个好友乃至一个社交圈子，甚至可能会影响到用户的正常工作和生活。直到今天，当QQ号已经很难自由买卖的时候，盗号现象依然存在。正因如此，向腾讯投诉的用户越来越多。在用户看来，是腾讯的不作为造成了盗号现象的泛滥。

这个指责的确是有些冤枉马化腾了，他何尝不想彻底消灭盗号现象呢，然而由于过于庞大的QQ用户群和无处不在的专业和非专业黑客，让腾讯的打击行动存在诸多障碍。

在盗号背后，不仅隐藏着不法分子对利益的恶性追逐，更是连带着一个更深刻也更严峻的问题——对互联网的虚拟财产该如何保护?

2013年1月17日，深圳市第五届人民代表大会第五次会议南山分组讨论结束后，马化腾本想低调离开，结果却遭到了不少媒体工作者的“围追堵截”。马化腾被记者们“逮到”之后立即表示，腾讯2013年主要的工作方向是继续深化信息安全。

马化腾的话并非是安抚人心，也不是夸夸其谈，在2013年腾讯已经拥有2万名员工，其中有2000人是专门从事信息安全工作的。腾讯也采用了很多防范措施，比如用户可以在上网的时候输入验证码，也可以通过账号申诉找回被盗走的号码，等等。

不过，盗号的人更不简单，他们能够找到专业公司破解验证码，而且技术含量也很高，这些边缘职业的从业者们，几乎整天都在跟腾讯对着干，只要腾讯换一个码他们就开始进行研究，一旦有了破解方案就接着分销给黑色产业链的团伙去使用。据说，他们的破解软件是可以模拟人工输入的，简单易操作，所以很容易普及和推广。

正是由于这条黑色产业链的存在，不少人都有过QQ被盗号的困扰。马化腾很想杜绝盗号行为，然而要想高效率地解决这个问题又会在技术上给用户带来一些不便，比如增加一些验证手段或者注册限制等，所以马化腾自己也十分矛盾。尽管如此，他还是一如既往地推动信息安全，而且希望有关部门从立法上进行推动。

针对国内互联网上屡禁不止的 QQ 号盗窃行为，马化腾决定采取猛烈的反击行动。腾讯的反击盗号专项行动，是结合了技术手段和司法力量一并打出的“组合拳”。马化腾针对被盗 QQ 号的使用特征，增加了验证码保护和频率保护、总量保护等技术手段，从而有效防止和遏止盗号。举个例子来说，假设一个用户加好友、加群过于频繁，就需要不断地输入验证码，再比如，一个号码或者 IP 如果在极短的时间内进行了太多加删好友、密码修改等操作，则会被暂停这一类的功能。

目前，针对一度猖獗的“键盘记录”和木马程序等盗号方式，腾讯已经引入“nProtect”键盘加密保护技术。此外，马化腾也始终不忘在公开场合表示，腾讯将继续使用法律武器，推动和配合司法机关对 QQ 盗号行为进行严厉打击。同时，马化腾也提醒广大用户：切莫轻易运行来历不明的程序，也不要轻信非腾讯网站的 QQ 活动信息，这些都是很容易被不法之徒所利用的盗号漏洞。

其实，引发盗号问题的关键在于相关法律对这些不法分子的制裁力度不够。相比起来，国外这种盗号现象就十分少见，因为国外互联网起步比较早，相关法律政策也能够及时跟上，对盗号者的犯罪行为有明确的法律定性，马化腾希望我国不断推动信息安全的立法。

除此之外，由盗号衍生出来的还有一个知识产权的问题。众所周知，像中兴、华为等知名企业，也遭遇过和马化腾一样的知识产权被侵犯的问题，甚至还有斥资亿元开发的项目被侵犯的例子，在他们与这些不法现象斗争的时候，自身也遭受了严重的创伤。

相关数据显示，2012 年中国仅深圳一地，申请专利就达 29758 件，位列全国第二，专利发明量居全国第一。为此，深圳政府对重要经济支柱的高新产业，在知识产权方面也进行了全方位保护，尽管如此，还是无法避免知识产权屡受侵犯。

由于知识产权侵权现象泛滥，深圳市政府和深圳市检察院等单位联合主办了“网络与知识产权刑事法律保护研讨会”，几家深圳本土高新技术企业呼吁加强对网络与知识产权的刑事法律保护。

最近几年，凡是涉及高科技企业的侵犯知识产权犯罪案件，其中有不少都是侵犯商业秘密的案件，最主要的特征就是技术秘密。比如华为、中兴等通信公司，都先后遭遇这一类侵权案件，其中被提起公诉的有王志骏、刘宁、秦学军侵犯华为科技有限公司商业秘密案，还有张学政、蔡林川、高岩侵犯中兴通信股份有限公司商业秘密案，涉及金额上千万元，这都在国内产生了较大的影响。

一般而言，侵犯知识产权犯罪主体具有高智能化和年轻化的倾向，他们都受过良好的教育，文化程度较高，有的还受过某种专门技能培训，属于典型的“智能犯罪”和“白领犯罪”。另外，由于这些人经常潜伏在被侵犯企业内部，导致对侵犯知识产权犯罪很难取证，更难于诉诸法律，而这些困难已经演变为打击侵犯知识产权犯罪面临的主要障碍。

像王志骏、刘宁等人侵犯华为公司商业秘密的案子，这些人的窃取技术本来就非常专业和“高端”，因为他们都参与了公司项目研发的各个环节，属于高层次的工程技术人员，而且还拥有本专业硕士学历。最后，这个案子遍及中国多个城市，涉及多份专业技术鉴定报告，案情错综复杂，结果从犯罪嫌疑人作案到发案，再从侦破到缉拿逃犯归案，追究其刑事责任，前后一共历时近11年！

马化腾在接受《中国企业家》采访时曾经说过：“腾讯做互联网只要和网民接触，现在需要和公安、司法等外部世界结合。比如我们抓的盗号集团就有十几个，广东省有史以来最大的盗号案，用了9个月才破获，是最大的，打不完，后面还在打。这其实也是在唤起一个意识，很多小孩子还不知道盗窃虚拟物品是不是犯罪，所以说现在也在往这方面努力。我现在最担心的就是网络安全问题，我们做了很多事情，我相信我们现在在反账号盗窃方面绝对是一流的，很多概念很多人可能听都没有听说过，因为没有经历过。”

打击盗号，任重道远，对于马化腾来说，这是智能犯罪和智能防卫之间的博弈和较量，也是腾讯日后发展道路上难以规避的问题。不过从另一个角度来看，正是因为存在着这些幽灵般的“网络盗贼”，也促使着腾讯自身不断地完善和改进，不断呈现给用户一个趋近完美的产品。

收费注册风波

在QQ走进人们的生活之后，很多网民只要打开电脑，就会习惯性地在第一时间登录QQ。的确，QQ确实很方便，不仅可以在线聊天，还能够在线传送文件以及离线传送文件，满足了很多办公一族的需求，另外QQ邮箱也是便捷无比，以及后来开发的QQ音乐、QQ游戏、QQ农场等，都产生了一大批对其依赖性很强的用户。

不过问题来了：如果有一天QQ收费，你还会用吗？虽然现在的用户听到这个会觉得有些不可思议，然而在2001年时，很多需要新注册QQ的用户还真的要思考这个问题。

随着2000年纳斯达克股市的崩盘，全球互联网企业马上进入到了一片寒冷死寂的“严冬”，紧接着，“多米诺骨牌”效应又造成了IT产业的整体下滑，导致市场中的各个行业一片低迷。当时，马化腾除了在融资方面动脑筋之外，也在想着其他让腾讯收获金钱的办法。对很多互联网企业来说，要想盈利就不得不正视这样一个问题。

在传统的经济现象中，边际效益通常都是逐步递减的，在互联网领域却不是这样，而是在一个漫长的区域里等于零，只有当超过“临界点”的时候，边际效益才会突然显露出来，产生戏剧性的暴增。

马化腾的小企鹅也是如此，在2001年中期，腾讯的新增注册量更是急剧增加，这让腾讯公司不堪负荷。无奈之下，马化腾开始对用户注册实施控制。于是从2001年2月开始，腾讯对用户的注册进行限制，并逐级递减直到用户很难进行注册。尽管如此，每天还是有大量的新注册用户。

那段日子里，马化腾过得并不轻松，因为腾讯每个月的费用开支都在200万元左右，其中仅增加设备的费用就占了其中的四分之三。于是到了2002年3月，马化腾尝试着推出了“QQ行靓号地带”的业务，开始出售QQ号码。后来到了2002年9月，为控制QQ用户的猛增，马化腾正式推出了QQ行号码，每月收费2元，原来的免费号码和一次性号码申请中止。到了当年的11月，QQ发出法律警告函，封杀买卖QQ号码的行为。

在2002年底的时候，让广大用户“心碎”的消息出现了：免费号码和一次申请（付费）长期使用号码停止发放，QQ主打每月2元租用费的QQ行号码。

中国网民已经习惯了从互联网上免费获得资源和信息，所以对腾讯的做法表示很受伤。有人反映说，他们已经容忍了腾讯的弹出广告和窗口闪烁的广告，现在又拿出这种办法增加收入，他们认为这么做不光明磊落。

2001年7月底，一位网友撰写了一篇名为《腾讯QQ，你做得太绝了》的匿名文章，率先向腾讯发难。由于这篇文章反映了一部分用户的心声，所以被大量转载，随即引发了腾讯和媒体的口水战。文章写道：“如果你在最近一个星期要注册QQ新号码，你将不断得到一个失望的结果——‘服务器拒绝注册请重新申请’。其实你就甭白费力气了，压根儿就重新申请不了，因为腾讯最近推出了168声讯台和手机注册……腾讯对此的说法是由于服务器太忙，在早上8：00到凌晨2：00这一时间段内可能无法通过网络注册新用户。笔者分别在上午9点、下午3点、晚上11点及凌晨3点试验注册腾讯新号码，结果都是——‘服务器拒绝注册请重新申请’，并且这个结果是很快显示出来，绝对不像是服务器太忙，否则会有较长时间的延时才显示结果……”

站在用户的角度看，一款免费的软件突然收费，从情感上来说确实让人接受不了，可是站在马化腾的角度看，巨额的成本支出让公司难以承受，适当收费也没有任何过分之处，只是这个从免费到收费的过程触及了用户的使用习惯。

当时，不光是网民对QQ收费采取反对的态度，就连广大媒体对此也是口诛笔伐。在2001年8月20日的《精品购物指南》上，出现了一篇名为《要学邮箱注册收费，腾讯上演东施效颦》的文章，由此引发了腾讯和这家媒体的口水战。

同年8月22日，腾讯就该文发表了重要声明。从声明来看，腾讯的反驳绝对是合乎情理的，它之所以限制注册是因为一些网友一个人就注册多个QQ号，占用了相当多的资源，是对公司仅有资源的一种浪费。当然，腾讯方面也表现出了很大的克制，希望用户不要抱有成见，以此来获得一个合作双赢的局面。

在腾讯发表了声明之后，大部分媒体也意识到了之前的声讨有些不妥，认识到这是对腾讯收费初衷的一种误解。不过，为了不让公司被成本开支拖垮，马化腾还是坚持QQ收费计划。

其实作为一个企业，马化腾当然有权进行任何单方面的改革，而用户的权利只限于"承认"或"退出"的选择，这也是面对生存压力和市场竞争的一种无奈之举。

2002年5月，网上忽然出现一种传闻：QQ马上进行全员收费。到了7月，马化腾接受电话采访时说，腾讯只是对新注册用户收费，同时也会保证一部分的免费和一次性号源。至于那些比较好的靓号，是要花费每月10元的会员费用才能拥有的。

马化腾说过，其实QQ一直在采取收费的发展策略，比如手机注册和当天用户限量注册等商业措施都是如此。当然，对于新注册用户，腾讯会适当地增加一些相应的服务，比如更好的密码保护服务等，从而让这些花了钱的用户心理平衡。另外，马化腾还表示，在推出收费用户注册的同时，QQ 也会继续保留“免费用户”的注册申请，而且会更多地面向“海外用户”开放。

曾经有国内的 IT 网站就 QQ 收费做了一个调查，调查结果显示大概有 81% 的用户认为，如果 QQ 收费将使用其他即时通信软件，由此可以看出，如果 QQ 真的采取全员收费的话，将会流失很多用户。

也就在腾讯收费期间，朗玛的 UC 赢得了在线 22 万人的辉煌战绩，和以前那些只有几千人在线的对手相比，这个新对手生命力更加顽强，发展速度也很快，对腾讯有着极强的威胁。马化腾意识到，如果继续收费的话，小企鹅可能会遭遇极其危险的祸患，于是他赶紧调整了策略。

2003 年 6 月，马化腾借着庆祝移动 QQ 三周岁生日的契机，对外宣布：新开通的移动 QQ 用户，将免费获得长期使用的 QQ 号码一个。毫无疑问，这个消息打开了长期使用号码发放之门。

2003 年 8 月，QQ 重新向广大用户开放了免费注册服务，不过却做出了如果连续 7 天不登录将收回号码的规定。过了一个星期，又做出了连续一月不登录收回号码的规定，接下来又改成了三个月不登录收回的规定。到了最后，变成了只针对恶意注册或者长期不登录的 QQ 号码。

显然，马化腾对收费和不收费的政策调整，是他意识到了仅靠注册收费获得的微薄收入，绝对要低于用户流失而造成的损失。也正是这次风波让马化腾更加坚定地强化了他的商业模式。

2010 年 5 月，马化腾表示：腾讯的商业模式跟其他企业不一样，它的思路是提供大量免费的服务，而当时腾讯拥有高达 5 亿的活跃用户，覆盖了中国过亿的网民，所以腾讯将通过免费的服务去开发出增值服务，这才是腾讯主要的收入来源。

可见，马化腾谋划的这个商业模式，即便放在全球的范围下审视，也是独树一帜的。后来，这个模式被专家概括为“马化腾法则”。

所谓“马化腾法则”的精髓在于，它将服务分割成两个部分，一个部分是基础业务，另一个部分是增值业务，对于基础业务来说，必须是免费开放才行，而增值业务则是多样化和高端化的。当然，马化腾并非一开始就明确了这样一条法则，他也是在摸索中前进，直至为腾讯找到了符合自身特点的商道。

通过这次收费风波，马化腾终于清醒地认识到，QQ 本身不是一棵摇钱树，而是种植和培育摇钱树的肥料和土壤。当他将目光投放到 QQ 以外的某些领域后，财源自然就滚滚而来了。

“珊瑚虫”事件

2006 年，北京市海淀区人民法院的一纸判决让珊瑚虫 QQ 从曾经的辉煌走向了末路。十多万元的赔偿金也给其他正在开发和制作 QQ 第三方改版的作者提了个醒。

这一次，珊瑚虫是真的“死了”。那么在这个让很多人不觉得存在悬念的判决背后，到底潜伏着什么样的故事呢？QQ 的显 IP 之路还会继续走下去吗？如果走下去，将会走向何方？

2006 年，对于很多网民和互联网企业来说，是一个很喧嚣的年头，这一年不少流氓软件出现在网络上，网上交易变得火爆起来，名人博客也一度成为了人们关注的热点……热闹得简直像一个菜市场，网民们就像是清早出门挎着篮子买菜的家庭主妇，在众多摊位面前不知所措。

这一年，马化腾和往日一样，一如既往地在他的QQ上做着更新。与此同时，一个依靠着QQ火爆起来的“珊瑚虫QQ”，也在进行着它的收尾工作。只是这时候，珊瑚虫QQ的作者Soff，却没有预感到自己将要面临的是何种灾难。

珊瑚虫QQ是什么？它是一款基于腾讯QQ的第三方辅助软件，包括完整的珊瑚虫集成版安装套件和类似于外挂类型的珊瑚虫增强包。通常来说，珊瑚虫的程序在运行的过程中不会修改腾讯QQ的程序源代码。

“珊瑚虫QQ”的主要开发者是北京理工大学计算中心的老师陈寿福（Soff Chen）。陈寿福业余从事IPQQ开发多年。早在2003年，腾讯就和陈寿福有过接触，对他提出了警告，后来陈寿福写下保证书，承诺“关闭本人网站上关于QQ软件该修改版本的下载服务，删除与该修改软件版本有关的内容，并停止传播，今后保证不再对腾讯QQ软件做出任何修改”。从此腾讯和陈寿福之间的恩怨表面上结束了。可是，外挂形式的QQ显IP思想，却又一次引起了陈寿福的兴趣。因为珊瑚虫外挂规避了版权问题，所以陈寿福重操旧业，继续研究起来。

在他的改良之下，珊瑚虫QQ具备了很多“炫”功能：能够显示好友的IP地址以及地理位置，还可以屏蔽腾讯提供的广告，也能够安装MSN风格的提示声音，此外在增强包中也提供了丰富的定制功能。

正是因为这一系列的附加功能，让珊瑚虫QQ一经问世，就受到了一些用户们的喜爱。无论是测试版还是稳定版，珊瑚虫每进行一次更新，都能引起新老客户的关注，这也正是Soff能立足于互联网市场的本钱。

不过，马化腾当时对珊瑚虫也是没有办法，因为它本身没有修改 QQ 的任何程序，因此避免了相关的版权问题，而因为珊瑚虫外挂的优越性能，立即引来了大量的下载。从一些网站的数据显示来看，它甚至超过了 QQ 本身的下载量。

每天都要追着官方 QQ 被动推出新版本，让陈寿福感到十分乏味和无聊，于是，在外挂思维以及 GAIM 与 Luma QQ 等思想的指引下，陈寿福开始琢磨着一种新的方式。他找到了一个新的执行者 Qulful，之后他写出了珊瑚虫 QQ 4.0。

珊瑚虫 QQ 4.0 绝对是一个里程碑式的作品。以前的珊蝴虫 QQ 版本需要耐心地检查 QQ 的内存，找到 IP 地址的入口，是一个简单的 Cracker（解密）过程，而珊瑚虫 QQ 4.0 却从根本上杜绝了这个问题，它能够直接截获 QQ 的网络包，从网络包中获取对方的 IP 地址。

随着珊瑚虫的不断更新和发展，马化腾也开始注意到这个小东西的存在。他不能再坐视不管了，他要为自己的小企鹅的版权讨回一个公道。

2006 年 9 月前后，腾讯通过渠道找到陈寿福并正式控告他侵犯著作权及不正当竞争，此后经过一段时间的审理，法院判决陈寿福败诉。尽管判决书很长时间之后才被公布，然而判决结果却早就对外公布出去了。当时，这个案子在圈内的关注度很高，其他的改版 QQ 制作人也在偷偷观察着，进而试探腾讯的底线。不过他们似乎感到失望了，因为马化腾在面对这一类问题时，表现出了强硬的态度，甚至拒绝庭外和解，显然有一种杀鸡儆猴的意思。

马化腾之所以不依不饶，是因为陈寿福的珊瑚虫触及了腾讯自身的利益。对腾讯来说，第三方改版 QQ 的盛行让原版 QQ 的用户越来越少，而各种改版的QQ都会去除掉QQ的广告。尽管对马化腾来说，QQ客户端广告并不是腾讯的主营项目，然而还是影响到了腾讯和他的广告客户的利益。此外，由于一些改版QQ擅自捆绑了其他软件，让不明就里的用户感到很恼火，进而将这种怨气发泄到腾讯的头上。

或许正是出于上述种种原因，马化腾才执意要拿人气最旺、技术最好的珊瑚虫QQ开刀。

不过，明知道改版QQ是在侵犯腾讯的知识产权，为什么还有这么多的“第三方”乐此不疲地扑上来呢？答案很简单，因为这其中有利可图。

就拿珊瑚虫QQ来说，它主要是通过捆绑插件来盈利，针对市面上比较热门的软件，插件商们都会给出比较优厚的条件让软件作者捆绑他们的插件，多的一个几毛钱，少的一个有几分钱。虽然单价很低廉，但别忘了中国互联网用户是数以亿计的，只要有几十万人下载安装，那就是几千几万的收入，更不要说像珊瑚虫QQ这种热门软件的下载量了。粗略统计一下，珊瑚虫QQ当时的年收入应该以百万来计算。

很显然，陈寿福的官司牵动着每一个第三方改版QQ作者的心弦，虽然从表面上看他们是作壁上观，并没有发表任何看法，然而在暗中却各自打着小算盘，谋划下一步的对策。当时，在改版QQ中真正以技术著称的只有两家，一个是珊瑚虫QQ，另一个就是飘云QQ，其他的则是集成珊瑚虫QQ增强包并做了一些简单的改动而已。假设珊瑚虫QQ以后不再更新了，那么这些其他版本QQ的作者会转向集成飘云QQ甚至退出制作显IP QQ。

审判的最终结果让第三方QQ改版作者们为自己捏了一把汗：

陈寿福犯侵犯著作权罪，判处有期徒刑3年，追缴117万元，再处罚金120万元，总共涉案金额达237万元。

2010年3月，陈寿福出狱，身体和心理各方面的状况都比较良好。至此，一代热门的珊瑚虫QQ宣告结束。

继珊瑚虫之后，飘云QQ的制作团队也意识到不能再继续玩下去了，所以在2007年10月11日，飘云QQ的主要作者“Run-Jin”和“疯狂绅士”双双宣布退出飘云显IP QQ开发，这意味着另一个具有技术性的第三方QQ退出了历史舞台。当然，也有一些其他的第三方QQ改版的作者继续在这条路走下去，不过从他们的发展前景来看，都是非常黯淡的，因为当腾讯的利益被触及时，马化腾不会心慈手软，他会拿出绝对强势的态度去和损害小企鹅利益的争夺者们进行对抗。

其实，让腾讯QQ恢复到一个原生、纯净的状态中，是更多用户们希望看到的，毕竟第三方的改良版本总会隐藏着一些安全隐患。现在我们只能说，是因为小企鹅树大招风，所以才吸引了一大批前来掘金的冒险者。

反垄断和涉赌风波

当马化腾带着他的小企鹅从一个草根公司成长为一个互联网巨头之后，腾讯自身不免会附带一些“个性标签”，比如外界经常指责它的“垄断”以及那无处不在的“模仿”等。马化腾对“垄断”这个词一向是非常反感的，如果谁无端地给腾讯扣上“垄断”的大帽子，马化腾绝不同意。因此，腾讯免不了要和别人打官司，不过一般情况下，小企鹅充当原告的时候比较多，也习惯于先发制人。

但在2006年，腾讯却由原告变成了被告。

2006年5月，腾讯向北京市第一中级人民法院提起了诉讼，称腾讯的手机即时通信注册用户从2005年7月开始明显地下降是掌中无限公司的PICA软件在作怪。

掌中无限公司成立于2004年，是一家从事移动多媒体通信和信息服务技术的公司。2005年初，掌中无限公司推出了PICA，它是一种与QQ的功能十分相像的软件，用户通过它可以登录QQ。

后来，腾讯发现其手机即时通信注册用户数不断下降，经过调查得知，原来是掌中无限公司“从中作梗”，于是腾讯一纸诉状将掌中无限告上了法庭，状告掌中无限侵犯了腾讯的财产所有权和软件著作权。

腾讯状告完毕，并没有对外公开此事，因为马化腾的做事原则是低调，所以不想把事情闹大。然而出乎马化腾意料的是，在他2006年5月提交诉讼的5个月后，掌中无限突然宣布它们要状告腾讯涉嫌垄断和不正当竞争，接着相关的媒体也大肆曝光此事，一时间此事街知巷闻。

掌中无限公司称，腾讯在其即时通信QQ中故意设置了一种可以阻碍其他即时通信商“互联互通”的障碍，这明显违反了《电信条例》中“不得拒绝其他电信业务经营者的互联互通”的要求，同时也违反了《反不正当竞争法》中“经营者应当遵循诚实信用的原则，遵守公认的商业道德”的有关规定。

此外，掌中无限还表示，腾讯以各种手段给PICA软件和其他一些想要与之“互联互通”的竞争对手施加压力，让它们的沟通不畅。

所谓的“互联互通”，是雅虎通与MSN的一种合作形式，当时国内有很多涉足即时通信领域的公司纷纷加入到这个大圈子中，唯独实力最为强大的腾讯没有参与。

掌中无限这次“声讨”腾讯，要求腾讯参与到“互联互通”中的手法比较“高明”，因为它用的是法律的武器，而不是像雅虎通和MSN的那种变相“施压”。不过即使这样，马化腾也是绝对不会服软的。

很快，腾讯方面就委托律师，积极地回应掌中无限公司的诉讼。在法庭上，腾讯最终松了口，表示如果其他即时通信厂商也向腾讯提出“互联互通”的要求，腾讯还是会站在用户的角度考虑问题的，会本着公平、合理和互补的原则全面实行“互联互通”。

北京市第一中级人民法院见腾讯态度平缓，并无滋事之意，最后判决掌上无限公司停止借助PICA对QQ进行侵犯，并赔偿腾讯200万元人民币。腾讯在这场官司中虽然胜诉，但毕竟已经承诺参与“互联互通”了，这样的结果对腾讯而言不能说是好，但也不能说是坏。

这场官司结束于2007年2月，腾讯在官司缠身期间，又遇到了另外一件麻烦事儿。

2006年7月，网上出现了一篇匿名文章——《就腾讯涉赌致深圳市领导的公开信》。

涉赌？这对腾讯来说可不是一件小事。几个月后，《焦点访谈》等节目开始大规模对腾讯展开“轰炸”，称腾讯利用自己公司的什么Q点、Q币等虚拟货币，变相地从事网络赌博。Q点、Q币是腾讯网上的一种“货币”，网民用这种“货币”可以在腾讯网上购买任何腾讯推出的具体物品和服务。

说起Q币，就不得不“爆料”一下它的内幕。在QQ游戏中，比如21点、梭哈、三家牌等这类游戏都需要一定的“点数”，这种“点数”就是游戏币。而游戏币要怎么获得呢？第一，与其他游戏对手竞争，赢取他们的游戏币；第二，用Q币兑换。那么Q币要怎么获得呢？——用人民币购买。

腾讯虽然将Q币作为虚拟货币，只允许在网上使用，但是其售价却与人民币等价，即1Q币等于1元人民币，这便出现了问题。有的人会说，1Q币等于1元人民币，如果在QQ游戏中进行赌博的话，那与在现实中赌博有什么分别？

在上述那些游戏中，玩家都需要使用游戏币，实际上也就是Q币。那些游戏多带有赌博性质，因此很多玩家也是乐在其中。21点、梭哈玩家下的注大，所以涉及的人民币额度也相对较大。

1Q币通常能够兑换10000个左右的游戏币，也就是说，现实中你花1元钱，游戏中你就有10000个游戏币。如果在现实中花几十元、几百元的话，那么在游戏里面就是“百万富翁”了。且不说玩家对此的态度，从这一点上就能看出，腾讯确实很会做生意，能把握住“人心”。

腾讯Q币兑换游戏币，在一定程度上满足了多数玩家的“虚荣心”，让他们也有了“一掷千金”的感觉。然而在输赢几十万、几百万游戏币的背后，人民币的数额也在逐渐攀升着，这些钱当然都揣在了腾讯的腰包里。

玩家在游戏中赢得游戏币后，还可以将其兑换回Q币，然后再购买腾讯网上的商品或者服务。而换取商品，算得上是腾讯另一种层面上的“交易”了。腾讯销售的商品的价格远远高于现实生活中商品的价格。比如说，玩家是用游戏币换取手机，但实际上依然是用真实的人民币“买”回来的，只不过玩家不用“直接”掏腰包买手机而已，这是腾讯的另一个高明之处。

此外，腾讯官方还在玩家进行的每一场“赌局”中抽成。比如说，两个玩家在进行一场赌局，其中一个玩家输了100万游戏币，另一个玩家就会得到100万游戏币。而这时，腾讯就要从中抽取10%的游戏币，到最后，赢的玩家只能得到90万游戏币。

腾讯这种抽成的办法，不只局限在输赢很大的赌局身上。如果两个玩家进行赌局，就算整场下来双方都不输不赢，腾讯依然要从中抽取10%的游戏币。简单地说，腾讯在每一场赌局中都会抽取游戏币，不会因为玩家输赢不大或平局而保持中立。

据相关人士称，腾讯的游戏币是无限供应的，因此根本不需要投入本钱，是在做无本万利的生意，这样一来，就有人认定这是腾讯在变相利用“人民币”“唆使”玩家进行赌博。

有了上述这些事例，才有了那封匿名信。接着，关于“腾讯涉赌”的字样在众多网站上传播开来，媒体亦是“不遗余力”地争相报道相关新闻。中央电视台也参与其中，对腾讯的“赌博”行为进行了披露。

中央电视台介入后，腾讯很快就关闭了“赌博味道”很浓重的梭哈等游戏。

不久，腾讯方面又对外“解释”：游戏币不能直接用Q币购买，它是玩家在买游戏道具时免费获得的。实际上也确实如此，Q币只能“兑换”游戏币，不能够直接购买，然而这同直接购买有什么区别呢？

马化腾不想将这件事闹得太大，因此很快关闭了游戏币回兑Q币的通道，让玩家只能买了Q币兑换游戏币，并在游戏中消耗掉游戏币，这在一定程度上也是“保护自己”的一种方法。因为在游戏币可以回兑Q币的时候，一些不法分子利用Q币和游戏币之间的自由兑换，展开了一系列“黑市交易”，这给腾讯带来了极大的负面影响。当腾讯宣布游戏币不可以再回兑Q币后，这种交易渐渐地消失了。所谓“塞翁失马，焉知非福”，腾讯虽然遭到媒体的“炮轰”，但是打击了“黑市交易”后，QQ游戏变得纯净多了。

当小企鹅站在IM软件的顶峰时，自然也逃不过“人红是非多”的定律，所以难免会发生这个事件那个风波，这并非是腾讯自身出了什么问题，而是当这只小企鹅在互联网世界力拔头筹之后，注定要遭遇的一系列磨难和教训。这不是马化腾的无奈，而是冒尖者的一种无奈。

“降薪裁员”惹事了

无论对外还是对内，马化腾一直是个行事谨慎的人：不轻易“放大炮”，也不轻易评说竞争对手，很少让媒体抓住什么“把柄”。在腾讯内部，马化腾也是一个没什么架子的人，没有那种“我是老板我怕谁”的霸气，所以口碑向来都不错。

让人想不到的是，尽管马化腾做事情小心翼翼，但还是被人“捅了一刀”，这个人就是腾讯的老对手——MSN。当然，MSN也是顺势而为，可相比腾讯公开宣布“熊明华（曾是MSN部门技术总监）担任腾讯联席CTO”的做法，MSN所用的“商业手段”并不“光明磊落”。

2006年的一天，天涯网上出现了一个帖子，名为《腾讯大幅降薪裁员》，这则帖子的口吻明显是一个腾讯员工的。他在帖子中说收到了马化腾的一封邮件，在邮件中，马化腾称要将以往的季度奖改为年终发放，而且只发放其中的60%，剩下的40%年后再发。

此外，腾讯公司开始实行5%末位淘汰制，即能力不足的员工只能走人。在帖子中，这个人说腾讯的发展已经没有以前好了，股票期权也没得分。

这个帖子发出来之后，在网上立即掀起了轩然大波，网友们对此纷纷提出自己的看法，一时间搞得满城风雨，这到底是怎么回事呢？

原来，腾讯公司之前遭遇到了MSN的“奇袭”，不少员工都被挖走了，腾讯方面或许认为这是“报应”——因为腾讯之前也挖走了MSN的熊明华。为此，马化腾想出了一个办法，决定实行新的薪酬制度和末位淘汰制。一方面，新的薪酬制度中的季度奖变为年终奖，可以避免有的员工拿完季度奖就走；另一方面，5%末位淘汰制能够在公司内培养出一种“激烈竞争”的氛围，有利于公司的快速发展。

这样的想法非常好，马化腾也觉得如果这个政策顺利实行下去，腾讯的发展将会更加健康、迅速。然而事情的发展超出了他的掌控范围，在马化腾还没有公布新政策之时，那封突如其来的邮件打乱了他的全盘计划。

腾讯公司内的员工见出现这种情况，纷纷表现出了不满，一时间腾讯公司内部怨声载道，人人都对马化腾等高管们有了意见。

事实上，腾讯这么出名的一个企业必然会有这样或者那样的“绯闻”，而这次“降薪裁员”之举，让众多媒体又有了热门的新素材。

马化腾自然清楚，这样的情况如果持续下去，必定会动摇军心，再加上 MSN 的介入，腾讯必定受挫。实际上，马化腾的此种做法并不过分：一是为了保住公司内部的核心力量，二是为了将腾讯做得更强，因此推出了 5% 的末位淘汰制，却不想被外界认为是“降薪裁员”了，这真是“风马牛不相及”的事情。

随后，马化腾将原定计划打乱，迅速地对“降薪裁员”事件做出了反应，并公开发表了声明。在声明中，马化腾强调腾讯并不是“降薪裁员”，而是为了适应公司的发展要求而制定出的新政策，希望更加完善公司的体制，以便能够将腾讯打造成真正意义上的国际化公司。“降薪”和“裁员”之事，纯粹“无中生有”，腾讯根基牢固，财务状况良好，而且之前提出的“在线生活”战略目标已初见成效，腾讯公司怎么会因小失大呢？

这样的声明很公允，马化腾一再表示腾讯完全是为了发展才做出相应的政策调整的，因此外界的谣言并不属实。

到此，腾讯总算是又熬过了一劫。马化腾在腾讯的发展过程中表现出的更多是坚韧和迅速。马化腾遇事沉着冷静的态度和快速寻找解决方法的反应，是一种沉静型领导者的风范。或许，正是因为腾讯有了这样一个当家人，才规避了发展道路上的不少磨难。

网络诈骗该怪谁

常言道：树大招风。当马化腾将腾讯这个小企鹅变成了一只硕大无朋的“帝企鹅”之后，“风”也就来了。

随着 QQ 用户的不断增多，腾讯渐渐被一些活跃在网络上的犯罪分子盯上了，结果小企鹅成为了网络犯罪的最大受害者之一。马化腾表示，他最担心的就是安全问题。在腾讯 2006 年的年报中，提升用户安全被列为最优先处理的项目。

根据对2007年各类网络诈骗案件的情况分析，案值少的是百余元，多的达到了几千元。受骗者一半以上是20岁到30岁的年轻人，其中以公司职员和学生居多。通常，这些诈骗分子是通过QQ等即时聊天工具，以一些知名公司或网站的名义发布虚假中奖信息，然后利用一些人贪小便宜的心理，以高额奖金和笔记本电脑或其他数码奖品为诱饵，打着“公证费”“手续费”“保险费”等名目骗取网民的钱财。

曾经有用户在上网时，看到自己的QQ弹出一条“腾讯QQ系统中奖信息”，说他中了几万元奖金和一台笔记本电脑，随后这位用户拨打了网页上留下的客服电话，过了两个小时，他苦苦攒下的6000多块钱就汇入了骗子的腰包。而在2008年汶川地震之后，甚至还有假冒腾讯网慈善频道的网站，打着“公益”的幌子进行诈骗。

2005年12月，马化腾在接受《中国新闻周刊》的采访时说：“我觉得，从互联网整个的环境来看，整个社区肯定有好有坏。我们做了大量努力，但是像现实社会一样，还是会发生很多利用人性的弱点的案例，比如获得信任之后去行骗。这不是技术的问题，而是人与人之间沟通的问题，反映了一个真实社会所会有的情况。”

事实正是如此，即时通信只不过是一个通信平台。这就像可能有犯罪分子利用电话来犯罪，但这不是电话运营商能完全负担责任的。马化腾只是为广大网民们提供了一个工具和平台而已，好比那些提供邮件服务的运营商，邮件的内容是无法直接进行监管的，只能用采取某些技术手段，对群发的邮件、垃圾邮件进行适当的限制。

尽管马化腾难以对所有内容进行监控，但腾讯还是不遗余力地对网民进行防骗的教育工作。在 QQ 的界面和对话框的显著位置，经常会有提醒网民谨防上当的警示语。此外，马化腾还通过一系列的技术升级与服务优化，进一步增强了 QQ 的安全性。

2007 年 3 月，马化腾在"网络与知识产权刑法保护"研讨会上说："计算机及网络领域的新型犯罪也接踵而来。现在我们所接触到的一些网络犯罪行为，多以窃取用户'互联网服务使用账号'等手段来达到侵权目的，这些行为扰乱正常的网络秩序，给广大人民群众的现实生活带来诸多负面影响。然而，我们能明显地感受到这类违法犯罪事件频繁发生却难以控制，除了该类行为具有隐蔽性强等特征之外，还有社会环境、法律体系、技术、管理、教育等多方面的原因。例如，当前的法律对许多网络不法行为还难以定罪或者量刑过轻，起不到应有的惩戒与震慑作用。同时，网络道德标准没有确立，缺乏正确的教育引导，一些实施网络侵权行为的不法分子，如黑客、病毒制作者等反而被当成'技术天才'，使我们的社会评价体系发生了不应有的倾斜。"

事实上，网络违法犯罪行为给现实社会的稳定带来了极大的破坏力，也给互联网世界的健康发展带来了严峻的挑战。所以对很多互联网企业而言，充分运用法律手段，加强网络管理，有效维护网络秩序是必然选择。

2007 年 1 月 8 日，为遏制网络盗窃行为，马化腾联合网易、金山、盛大、九城等 4 家知名网络服务商，共同发表成立"反网络盗窃联盟"的声明，希望对网络盗窃予以严厉的惩罚和打击，帮助用户维护其网络财产的安全。马化腾也表示，希望和其他同行一起以积极的态度和创新的精神，同这种龌龊的盗窃行为坚决斗争，将互联网建设好、利用好并管理好。

目前，腾讯在公司的运营方面已经将重点放在了关注安全、稳定和网络质量三个方面，其中重中之重就是安全问题。为此，马化腾一直和金山等国内一流的防病毒厂商开展深度合作，共建QQ的安全中心，此外还不忘和国家有关部门联合起来，共同打击对用户利益侵害严重的非法挂机网站以及一些恶意广告网站。在稳定性维护方面，马化腾还将计划对后台系统进行软硬件方面的优化，从而保证服务质量的可靠性，此外还建立了24小时值班中心，一旦发现异常现象马上做出反应。

为了满足用户使用QQ时的安全需求，帮助指导用户更专业地使用QQ安全防护措施，马化腾还十分具有开创性地设置了“QQ安全自习课”。所谓的“QQ安全自习课”其实是一个在线学习课程的虚拟课堂，它将网络上比较典型的案例拿出来，结合多种安全领域提供个性化在线学习课程，还加入了幽默直白的漫画讲述了与QQ有关的各安全领域的问题及处理方法。

在用户看来，上一堂QQ安全自习课，不仅能学会如何防止被骗和防止病毒，还能从中了解到腾讯在保护QQ安全方面采取了什么样的措施，非常值得一看。特别是对那些初学上网的人，通过视频能够学到相关的网络知识来保护自己，大有裨益。

众说纷纭的“3Q大战”

2010年的春节，对于很多人来说并没有什么特别之处，但是对一些奇虎360的老员工而言，这个春节注定让他们难以忘记。就在这一年的大年三十，腾讯以QQ升级的方式，在用户电脑后台默认捆绑安装了“QQ 医生”（一款安全防护软件）。

对于腾讯开发安全类软件，其实奇虎 360 的高层并不觉得意外，因为马化腾已经带着他的团队将业务的触角延伸到了互联网中的各个角落，只不过 QQ 医生的出现让奇虎 360 觉得实在太快了一些。尽管这个时候的奇虎 360 依靠免费安全模式重塑了杀毒软件行业的规则，然而和腾讯相比，奇虎 360 毫无疑问是一个刚起步的小公司。

2010 年 1 月，腾讯的市值已经超过了 400 亿美元，甚至一度超过了雅虎和 eBay 的市值，成为了仅次于谷歌的全球网络股第二名，收入超过几百亿人民币，拥有 6 亿用户和中国最大的客户端产品。相比之下，奇虎 360 不仅没有上市，连员工也只有几百名，办公地点是在北京四惠桥一个租借的院子里。奇虎 360 像当年的腾讯一样，正在一步步艰难地打拼着。

本来这件事并没有什么大不了，可是在 2010 年 5 月的时候，QQ 医生忽然改名为“QQ 电脑管家”，无论是产品功能还是服务内容，都和“360 安全卫士”很相似。到了当年 9 月中秋节期间，腾讯再度发动第三轮攻势，在二三线城市中默认用户捆绑安装“QQ 电脑管家”。

马化腾的这个招数很不简单，让 QQ 电脑管家和 QQ 捆绑绝对是一招必杀绝技，效果十分明显。奇虎 360 也知道，腾讯的“QQ 农场”取代了全民的“开心偷菜”，“QQ 棋牌”取代了“联众棋牌”，那么自己也将会遭到类似的命运吗？

9 月 27 日，奇虎 360 发布“隐私保护器”，用以监控 IM 软件是否侵犯用户隐私，结果显示，QQ 涉嫌侵犯用户隐私，腾讯否认并反指 360 浏览器涉嫌不正当推广。

为了生存和自保，奇虎 360 不能眼睁睁地看着自己好不容易抢来的市场份额被腾讯夺走，于是他们决定开发一款腾讯难以复制的产品。当年 9 月底，奇虎 360 公司又推出了“扣扣保镖”，主打口号就是“反捆绑”和“过滤 QQ 广告”。这款软件的最大价值就是，能够让用户任意选择是否要过滤 QQ 广告。

这个招数放出之后，奇虎 360 就严重触及了腾讯商业模式的根基。于是到了 11 月 3 日，腾讯官方马上发布了著名的《致广大 QQ 用户的一封信》，信中的内容十分简单：要么使用 360 软件卸载 QQ，要么保留 QQ 删除 360 软件。至此，这场从默默对抗演变为正面冲突的“3Q 大战”发展到了白热化阶段。

在残酷的“二选一”之下，很多用户被迫删除了 360 软件，因为在他们看来，杀毒软件有很多，但是即时通信软件只有 QQ 用得最顺手、最习惯。

在腾讯“二选一”推出的一天之内，360 安全卫士遭用户卸载 20%。当时的情况是，360 安全卫士装机量差不多达到了 2 亿，这意味着在一夜之间就有 4000 万用户卸载了曾经保护他们电脑的 360 安全卫士。显而易见，此时的小企鹅能量非凡，拥有着相当强悍的话语权，所以杀得奇虎 360 节节败退。不过，还是有一些用户喊出了“360 保护我的电脑无数次，这次换我来保护你”这样具有号召性的口号。不过，奇虎 360 终归力量弱小，在当年的 11 月 4 日做出了让步，通过弹窗宣布召回扣扣保镖软件。11 月 21 日，工信部正式介入“3Q 大战”，在政府相关主管部门的调解下，两家公司分别向社会公开致歉，并宣布恢复了 QQ 和 360 安全卫士的软件兼容。

对于奇虎 360 这一类的创业小公司，腾讯就像一座“不周山”，在你前进的道路上迟早会遇它，躲是不可能躲掉的，除非你从这个游戏中退出。凭借着庞大的用户群作为根基，马化腾可以开发很多软件推销给用户，也就有了“捆绑”——这个互联网产品中司空见惯的行为。

当然，我们不得不承认的是，马化腾今天的这种随心所欲也是当初苦熬了多少次磨难换来的。对于任何一家企业来说，其自身的规模只要成长到一定程度，必定会下意识地衍生出某些商业行为，这原本就是无可厚非的。

其实，“对簿公堂”也是“3Q 大战”的一个阶段。

2010 年 10 月 14 日，腾讯就隐私保护器侵权起诉奇虎 360 不正当竞争。2011 年 4 月，法院判决奇虎 360 败诉，并赔偿腾讯 40 万元；2011 年 6 月，腾讯就“扣扣保镖”起诉奇虎 360，法院判决奇虎 360 败诉，赔偿腾讯 500 万元；2011 年 10 月，奇虎 360 起诉腾讯滥用市场支配地位，结果仍是败诉，并承担全部诉讼费用。

互联网领域的首个典型纷争案例，在历经 4 年之后终于落下了帷幕。不过，这 3 场诉讼案并没有在人们的内心消失，因为它是一场引发了行业、用户和法律界普遍关注的事件，从客观上来看，它促进了中国互联网企业创新生态的构建和营造，也大力推动了中国市场经济的开放和竞争，甚至可能改变了中国创业者的生存环境。

有业内人士认为，“3Q 大战”的过程其实比结果重要多了。在这场旷日持久的争斗中，奇虎 360 为了生存进行抗争，或许也可以看成是对互联网巨头的一种挑战，如果没有奇虎 360 与腾讯的正面对抗，那么马化腾可能将继续“模仿 + 捆绑”的运作模式，而在一定程度上忽视用户的感受。好在，腾讯通过“3Q 大战”听到了用户的诉求，及时调整了原有的商业策略。

从这个角度来看，“3Q 大战”所带来的公平竞争、促进互联网回归创新本质，依然是充满积极意义的。

◆粉钻时代——我受宠，我吃肉

5

企鹅可是土豪命

"移动梦网" 是块宝

在领着腾讯掘金的道路上，马化腾既扮演着探险者的角色，也是一个受惠者——有些业务是他凭着企业家的敏锐嗅觉寻找到的，而有些业务则是机遇的恩赐。在企鹅帝国的成长史上，得益于时代的恩赐屡见不鲜，其中比较重要的一个便是"移动梦网"。

移动梦网是什么？在说它之前，不得不提一下 SP。SP 是 Service Provider，也就是"服务提供商"的英文缩写，指的是移动互联网服务内容应用服务的直接提供者，负责根据用户的要求开发和提供适合手机用户使用的服务。

顾名思义，SP 业务就是移动增值业务。如果从企业业务开展的角度划分的话，SP 基本上能够分成两大类：第一类是门户型 SP，由门户网站提供的短信服务，主要是一些门户网站，其短信服务的内容基本上囊括了铃声、图片、新闻、游戏等；第二类是专业型 SP，主要以短信作为主业的公司，提供的服务品种和门户型 SP 大致相当，然而如果从具体的业务来看，专业型 SP 的优势在于不断创新的技术和创意性服务。

除此之外，还有一种类型的 SP，那就是专项型 SP，腾讯做的就是这一类。和其他传统的短信服务商不同，腾讯没有常见的图片、铃声、游戏等业务，而是将主要精力放在了自己具有优势的 QQ 衍生短信服务上。那时候，微信还没有出现，所以短信业务依然是运营商的主营业务之一。

在 2000 年 4 月，腾讯 QQ 的注册用户突破了 500 万大关，同年 5 月，同时在线人数超过 10 万人，到了 6 月，注册人数已经超过了千万。

2000 年 8 月，许多门户网站继续被互联网寒冬所摧残，还没有从网络股的泡沫破灭中缓过劲儿来。可偏偏就是在同行们集体哀号不断的时候，马化腾和广东移动草签了合作协议，通过网络与中国移动的互通，让 QQ 用户可以和广东地区的移动用户通过移动 QQ 和手机短信，实现随时随地进行信息沟通的可能。

2001 年 4 月，中国移动决定跟 SP 们真正结算收入时，马化腾已经积累了大半年的经验，而“移动梦网创业计划”拯救了他和他的小企鹅。在和很多内容服务商的竞争中，马化腾凭借着“移动 QQ”马上占据了一席之地。

“移动 QQ”服务的功能，充分利用了移动通信运营公司的 GSM、SMS 和 WAP 系统跟腾讯的 QQ 系统互联，让移动电话用户能够直接和QQ用户进行短信交流。可以说，“移动QQ”是互联网发展史中首个3G产品。当时，移动梦网通过手机代收费的“二八分账”协议（运营商二成、SP八成），为广大用户提供了一种新的社交便利。

马化腾能够将移动QQ发展起来，不光是因为移动通信产业的不断发展，也得益于广东省的富饶和良好的收费机制。

2001年，在马化腾的积极努力下，腾讯已经和全国所有省市的运营商建立了合作关系。为此马化腾说过，他们的第一个赢利方式就是依靠无线增值业务，其中主要是移动QQ，由于当时移动梦网还没有出来，所以他们在梦网出现之前一直在努力做。

其实，在中国移动最初推出“移动梦网”服务时，它也没有想到这项创新性的手机互联网服务居然挽救了一批互联网公司。2001年底的时候，已经有超过500家无线应用服务提供商加入进来。从这个角度看，中国互联网的第一桶金就是基于“移动梦网”的SP业务。

从2002年1月到3月，搜狐依靠短信收入让自己的业务收入从10万元飙升到100万元，让他们在上市之后看到了盈利的曙光。因为当时“互联网免费”的概念深入中国网民的心中，所以想从互联网资讯、邮箱、搜索获得收入基本上是痴心妄想。除了搜狐之外，新浪、网易也在干着同样的事。

从推出移动QQ的第一天开始，马化腾就开始着手研究，不断地改进该服务的用户体验。2002年11月，在第三届“西湖论剑”大会上，马化腾在回答移动QQ的发展前景时，说了这样一段话：“腾讯公司刚刚和中国移动公司同步推出了彩信服务，可以把彩色、动感的QQ形象发送到手机上，以后腾讯公司还将继续推出更加富有特色的服务，使得手机就是电脑，沟通方式更加多样化。可以看出，在短信与移动 QQ 业务上，腾讯成了移动梦网的骨干力量，在移动梦网中的份额最高时占到 7 成。”

2003 年，马化腾认为从无线业务发展的情况来看，腾讯在无线业务和增值服务上面已经找到了适合自己的盈利模式。因此他通过不断地摸索和改善，在无线业务方面拥有了通信类、娱乐下载类、交友类以及游戏类等五大类二十多种业务。后来，随着“动感地带”品牌的推出，马化腾的无线数据业务又找到了新的方向。

由于无线增值业务发展还有待规范，另外加上运营商的控制比较明显，所以为了避免可能出现的行业风险，马化腾曾经一度有意压制过无线业务的发展。从 2004 年开始，电信运营商针对无线增值业务领域中的各种不规范行为，加大了监管力度，也丰富了监管手段，各大互联网企业受到了不小影响。马化腾在和中国电信运营商合作时，由于他是没有什么话语权的“乙方”，所以很多事情也决定不了，唯一能做的就是不断地和运营商进行沟通。

通过一段时间的接触，马化腾终于发现 SP 是个“强庄游戏”，只要对方限制自己，就别想从中获得太多的利益。尽管马化腾并没有放弃无线增值业务，然而他渐渐地将腾讯的业务重心从这个领域中倾斜出来，从这种纯粹的 SP 定位中摆脱出来。

无论跟通信运营商的合作是否愉快，移动 QQ 毕竟为马化腾带来了丰厚的利润，甚至在很长的一段时期占了整个公司盈利收入的一半左右，而中国移动利用移动 QQ 也提升了它的数据增值业务。不过，随着中国移动向“移动信息专家”转型，他们开发出了飞信业务，并在 2006 年间让这项技术逐渐成熟。

虽然飞信被中国移动这个“土豪”开发出来，但是他们面对的是缺少用户的尴尬，所以中国移动希望能够让飞信和移动QQ的几百万用户实现互联互通。不过，这个提议对马化腾来说可不是什么好消息，这时候腾讯QQ已经占据移动IM市场60%的份额，自然不愿意和别人分享他们的700万的QQ用户。

不过让一些业内人士感到意外的是，2006年12月29日，在中国移动即将终止和所有从事无线IM业务的SP合作的最后一天，腾讯忽然在香港宣布：即将和中国移动合作开发飞信QQ，并将他们的移动QQ用户过渡到飞信平台。自然，腾讯和中国移动的相关协议也将延长半年的时间。

2008年，飞信QQ用户终于超过了千万人，中国移动为了继续保持用户增长和服务体验，继续跟腾讯合作。不过随着飞信的发展速度越来越快，中国移动对移动IM的收入必然会生出越来越强烈的掌控欲望和能力，所以腾讯也及时地调整策略，尽量避免和中国移动这样的通信巨头抢夺IM收入，而是开拓其他延伸出的收入。没过几年，一个叫“微信”的东西诞生之后，立即在通信行业引起了巨大轰动。

异军突起的微信

2011年1月21日，腾讯推出了微信，一个专门为智能终端提供即时通信服务的免费应用程序。就像大多数智能终端上的软件一样，微信支持跨通信运营商、跨操作系统平台，而且能够通过网络实现快速地发送和接收信息，所消耗的流量也非常少。此外，微信上面还集成了摇一摇、漂流瓶、公众平台等服务插件。

微信一经推出，立即受到了广大移动客户端用户的青睐，在2012年3月29日，微信用户一举突破1亿大关，前后用时只有433天！

微信出现，有人欢喜有人愁。对于广大用户来说，这个可以发送语音、类似对讲机似的小玩意儿，确实充满极大的诱惑力；然而对通信运营商来说，微信的出现不仅让本已日薄西山的短、彩信业务雪上加霜，甚至给传统的语音业务也带来了极大的冲击。

现在，微信已经成为了一个拥有将近4亿用户的“巨无霸”，要想在移动互联网方面有所建树，微信就是摆在任何一个创业者面前的大山，你是惹不起也躲不起。

其实，在微信刚刚推出的时候，人们仅是把微信当成是一个移动社交工具。然而随着微信公众平台的推出，越来越多的草根创业斗士发现了微信上面存在的商机，于是以星火燎原之势在微信上复制了几年前微博的繁荣，一批批微博草根大号迁移到了微信公众平台之上。

和微博相比，生于移动互联网时代的微信，显然具有着更大的发展空间和产品优势。移动互联网的出现让碎片化时间能够被充分利用，所以微信在这个全新的舞台行走得非常顺利。由于现代人的工作生活节奏比较快，所以坐在电脑前悠闲地浏览资讯的时间越来越少，而微信则成为了人们在等公车、坐车和等人时，打发无聊时光的最好伴侣。因此，现在很多人的生活方式已经变成了：电脑上刷微博，手机上刷微信。

虽然从传播角度来看，微博是一种广播，而微信是一种窄播，但是微信却比微博更加精准，更能打动每一个受众。

其实，不管是在电脑互联网还是移动互联网时代，人们的第一需求都是获取信息。因为人们处于一个信息爆炸的时代，缺少的不是信息，而是寻找有价值信息的时间和精力，而微信的信息订阅正好可以满足社会大众的这一类信息需求，特别是微信公众平台包括的各种内容供应商，让信息与用户实现了准确的匹配。虽然信息订阅并非微信首创，但是在电脑互联网时代，传统的电子邮件订阅已经变得落后起来，人们越来越发现，自己更需要的是能随时随地获取所需信息的工具和手段。

在微信逐步由封闭走向开放之后，很多APP制作者感到了恐惧。自从“3Q大战”后，马化腾一直将“开放”作为腾讯发展的主题，当然这种开放不是绝对意义上的开放，准确地说，是抱着宽容的心态和搭建平台的思维，一步步地将整个互联网中的各个分子有机地结合在一起。

虽然和微信相比，还有很多更专业、更强大的移动资讯APP，比如网易新闻、多看阅读等等，不过它们可以看成是电脑互联网产品在移动端的延伸，和创业者没有什么关系。微信则不同，它不仅仅是一个APP，而且还是一个拥有将近4亿用户的移动应用集成平台。不管是个人还是企业，只要你的内容很丰富很具有吸引力，你就能够吸引一大批忠实的粉丝。为此，我们可以将微信看成是一张桌子，上面摆满了山珍海味，当你对桌上的菜肴不满意的时候，就可以换掉重新再上。更有人预言，微信能让现在一半以上的APP变得没有存在价值。

相信在不远的将来，各类微信公众平台会集合更多的应用内容，其中包括吃喝玩乐等项目，而且每一种应用后面都会聚集一批专业的人在操作，直接向广大用户提供各种针对性的服务。相比之下，那些单纯依赖操作系统而生存的APP就要差得很多。虽然目前腾讯还没有做出像 Google Glass（谷歌公司推出的一款“拓展现实”眼镜）这样的产品，然而马化腾的手中毕竟还有一个不断进化的“小 Q 机器人”。只要将微信、QQ 和小 Q 机器人结合在一起，所产生的巨大影响恐怕连马化腾自己也难以预测。

当然，微信的火爆并不意味着将一直持续下去，毕竟曾经盛极一时的博客、QQ 群和微博已经成为了前车之鉴。因为人们接收信息的时间精力总是有限的，所以当你只有几十个 QQ 好友和十几个 QQ 群的时候，你就会积极地找人聊天和查看 QQ 群信息。然而当你的好友达到几百个、QQ 群有几十个的时候，很多用户会不由自主地让自己处于“隐身”和“忙碌”的状态，正如现在很多人将 QQ 群屏蔽了一样。

微信也是一样的道理，当一个用户关注了十几个微信公众账号的时候，手机就总会发出震动，让用户感到焦躁不安，哪怕是设置了取消提醒也解决不了信息过载给用户带来的烦恼。如果每个人关注公众账号的合适数量是 15 个，即便按照每个账号每天推 1 条信息来计算，4 亿微信用户每天能够接收的推送信息，其总量上限则至少会达到 60 亿条，因此创业者要想在微信平台上实现自己的梦想，只有推送高质量的信息才是王道。

马化腾认为，过去包括华为、中兴、海尔等国内知名企业已经“走出去”了，然而中国的互联网企业确实要更加落后一些，国际化并没有取得成功。为此，他说了这样一段话：“过去中国互联网模式都是从美国复制过来，走出去不太可能。随着移动互联网浪潮席卷全球，很多国际互联网巨头自己也并没有准备好，或者受限于原有 PC 或者 Web 服务和习惯的牵绊，（他们）很难做出纯移动互联文化的产品。现在亚洲的移动互联网和手机一定程度上发展速度比西方还快，这给中国互联网企业一个千载难逢的机会。”

在微信正式向美国本土渗透之前，为了预热，微信早就在港台地区和东南亚国家展开了布局。在这些地区，微信投放了为数不少的广告和明星代言，以此来提高自身的曝光度，从而广泛地培植起一批“种子”用户。然而在美国市场的情况却不太乐观，毕竟微信刚刚起步，用户只能局限在华人和中国留学生这个圈子里。所以，微信能否在美国复制在中国的成功，现在来看还很难预料。

现在，微信已经被马化腾当做探路国际化的一种武器。马化腾相信，微信的创新速度已经超过了欧美的同类产品，比如开放性的平台、商业模式的嫁接、朋友圈社交……这些都是腾讯的独创，和原来的产品相比有了很大的差别。

微信的迅速崛起，给运营商短、彩信等传统业务带来了巨大的挑战，于是出现了“微信收费事件”。

从 2013 年 2 月底开始，一条关于电信运营商要向微信收费的传闻引发行业震荡。同年 3 月 31 日，工信部部长苗圩在第二届“岭南论坛”上讲到，将支持电信运营商的合理需求。谁知这个消息放出之后，立即遭到了广大用户的反对，用户认为自己已经花了流量费和网费，再对微信收费的话等于是双重收费，严重损害了消费者的利益。2013 年 4 月 23 日，工业和信息化部新闻发言人张峰在国新办例行新闻发布会上表态：互联网和移动互联网等新业务是否收费，不是由哪一方来决定的，而是由市场来决定的，工信部将坚持“其经营者依据市场情况自主决定”的原则。从这之后，微信收费风波暂时得到了平息。

可以看出，主张“微信收费”的运营商们，是在被马化腾逼得收入日益减少的窘境下提出来的，不过这个提法也引起了广大用户的反感。从马化腾这边来看，他当然也深知腾讯目前和运营商之间的关系比较敏感和微妙，不过他认为微信的产品概念和运营商提供的通信服务并不相同，也不属于传统运营商的业务范畴，所以未来的发展方向将趋于合作而非对抗。

“网民币”印刷工厂

小企鹅在刚刚诞生的那几年中，过的是“打赤脚，吃百家饭”的穷苦生活，然而随着马化腾对腾讯业务的拓展和融资的成功，小企鹅渐渐从“贫困户”发展成为了“小土豪”，它不仅具备了吸金的能力，还增添了造金的功能——卖Q币。

Q币，简称QB，它的兑价是1Q币=1人民币，而在腾讯的拍拍网交易一般都是9折。它是由腾讯推出的一种虚拟货币，用来支付QQ的QQ行号码、QQ会员等服务。

Q币是马化腾于2002年5月向外推出的网络虚拟产品，由于QQ占有的庞大用户群和Q币充值的便利性，所以很快在用户中风行起来。拿着购买而来的Q币购买各种虚拟商品，享受QQ会员的待遇，成为了流行的时尚。

自从2005年以来，Q币的触角逐渐延伸到QQ领域之外的地方，一些网民将Q币当成购买网游装备的“等价物”，或者是将Q币当成交换其他网络服务的“流通币”，甚至有人开始出售Q币用以换取人民币。也正是因为这种现象，引起了金融学专家的担忧。

还有一些网络工作人员称，有的中小型论坛给版主的工资就是Q币，然后兑换成人民币。

有些学者认为Q币的存在会冲击中国的金融秩序，为此给出的理由是：根据《人民币管理条例》，人民币是我国的法定货币，在现实中是有数量限制的，然而Q币等虚拟货币却能够无限发行，所以当虚拟货币代替人民币成为网上交易的一般等价物时，自然会冲击中国的金融秩序。另外还有人指出，在QQ游戏的游戏币赌场里，赌注通常都很大，由于游戏币是能够和Q币自由兑换的，所以Q币在某种程度上具备了"黑市货币"性质。

这种观点实在是有些惊世骇俗，如果Q币真的和人民币如此相似，那么马化腾什么都不用干了，只发行Q币就可以了。

其实，Q币只是用于购买腾讯的增值服务，根本谈不上进入金融体系，如今对Q币的追逐，只能说是网民对Q币的一种热捧。毕竟，腾讯发行的Q币不是真正意义上的货币，本身不存在其他的交易功能。另外腾讯对Q币实行的政策是单向兑换，也就是说，用户一旦购买了Q币就不能再兑换成人民币。

现在，"倒卖"Q币已经成为一些人谋取利益的重要渠道。在曾经火爆的"超级女声"总决赛中，"超女"的粉丝们为了支持自己心爱的歌手，通过购买Q币进行投票，当时仅在一天之内，淘宝网上Q币的交易额就超过了50万元。

Q币的流行，也与互联网早期支付手段的匮乏有着密不可分的关系。那时候，玩家们购买游戏装备只能到银行汇款，这样比较麻烦，因为出售一件装备，往往要商谈很长时间。后来，Q币交易慢慢取代了传统交易，购买者只需提供Q币就能买到网游装备，而卖家在得到Q币后，再将Q币出售给当地网吧的玩家，很快就能将其转化成人民币。

在Q币的地下流通过程中，有一个非常重要的环节是“转账”。所谓“转账”就是怎样将Q币从一个QQ账号转移到另一个账号的过程。虽然马化腾严令让Q币和账号绑定，但还是无法阻止地下Q币流通。通常这种流通的过程是：交易者将Q币转化为QQ公司推出的QQ游戏中的游戏币，再将游戏币“输给”其他的账号，最后将游戏币转化为Q币，从而实现Q币的成功转移。

那么，这么多的Q币是从什么地方来的呢？除了用游戏装备交换之外，大部分来源于“QQ黑客”。这些黑客是利用木马软件等工具，盗取QQ账户获得Q币后再进行出售，如果非常走运的话，盗号者一夜就能盗取上千个Q币。更重要的是，成为QQ黑客并不需要太高的技术门槛，只需要用编写好的程序进行简单操作，就能完成盗号的过程。

除了盗号之外，还有一种比较“合法合理”的获取Q币的渠道，那就是拨打声讯电话充值。根据腾讯的调查，一些Q币贩子们卖的大量Q币就是通过充值来获得的。虽然每枚Q币1元钱的充值费用并不便宜，然而很多人会通过单位的免费电话，拨打声讯台获取Q币。如此一来，公家的钱就会通过Q币交易变成个人的财富，而且从表面上看没有做出什么“出格”的行为，也不会受到法律的制裁。

如今在淘宝网上，有很多出售Q币的店铺，它们遍布国内各个省市，这是因为用Q币的人多，腾讯公司信誉不错，大家都放心用Q币进行交易。那么，这么多人通过各种手段进行Q币交易，最后将这些Q币用在了什么地方呢？据说，曾经有网友用100Q币换到了一个硬盘盒。当然，用Q币换电脑配件只是流通中网友创意的一种。除此之外，Q币还可以兑换不同论坛中的积分、可以换取各类商品、可以付广告报酬等。由此可见，如今买卖Q币的，已经不单纯是为了享受QQ提供的服务。

面对专家们的质疑，一些网友觉得这种说法未免有点“危言耸听”，因为Q币现在还不能作为一般等价物，这里面存在着一个信任问题：那就是必须要有一方主动让步去承担网络交易的风险。一般来说，除了同城见面交易之外，异地交易必须寻找一个双方都信任的担保网站，大家把装备和Q币都给这个网站，然后由这个机构进行转发。

现在，在一些提供担保的网站上，不少玩家将出售的装备标注上了Q币价码，与此同时，一些新网游在上市之后，其内测和公测账号也在网上用Q币来标价，这样就促使了Q币在不同网游的玩家手中不断流通。通常而言，那些比较好且比较贵的网络商品，基本上需要几百元甚至上千元，如果用Q币交易的话就会非常麻烦，所以Q币的作用仅限于低价值的网络商品交易。

既然Q币如此受到网民的青睐，那么腾讯究竟发行了多少枚Q币？这个数字腾讯是不可能公布的，因为也无法进行统计。

在盗号者和贩卖者的推动下，Q币的流通范围愈来愈广。如果按照金融学定义来看的话，货币是固定充当一般等价物的特殊商品。然而国内的现实情况是，人民币是由国家发行指定的唯一货币，那么Q币是否已经成为网络上流通的虚拟货币呢？

有些专家觉得，Q币还算不上虚拟货币，而是在网上某些网友自己认可的一种符号，说Q币冲击人民币则根本不可能，因为市面上的人民币绝不会随着Q币的增加而多印刷。Q币的发行是以人们购买量为基准的，跟国家的金融体系也扯不上关系。另外不管是从数量上还是从法规上看，Q币都根本无法与人民币相比。

尽管如此，还是有些人认为，Q 币已经具备了货币的雏形，正走在真正意义上的“虚拟货币”的边缘地带，只要腾讯公司有潜力，Q 币的世界货币功能并不是天方夜谭。从目前来说，Q 币能否成为第二套人民币，取决于三个因素的变化：互联网经济进一步发展；腾讯公司对 Q 币未来发展模式的定位和其商业运作契机；国家法律的规定。

现在网络上有很多虚拟货币的发行商，他们“发行”的这些货币，由于国内相关法律的真空，国家没有对他们采取任何的监管措施，因此无法统计其发行量。有人为此大胆地预测，这种现象很容易引起网络通货膨胀，最终只会让网民的利益受到侵害，也会让网民丧失对互联网交易的信心。

正是出于这个原因的考虑，一些法律人士觉得应当让中央银行对网络虚拟货币交易的后果重视起来，从而严格规范网络虚拟货币的发行主体资格。比如，要对网络运行商发行的虚拟货币数量实行申报制，提高进入本区域的门槛，同时还要摸清发行商的资产状况，杜绝地下交易行为，引导虚拟货币走向正途。最重要的是，要限制虚拟货币和人民币之间的兑换。

马化腾也调整了有关 Q 币的政策：腾讯 Q 币将不再能与游戏币互相转化，游戏币只能通过买游戏道具赠送，这意味着之前 Q 币流通所用的地下通道即将关闭。由于网上贩卖的 Q 币来源大部分都是通过盗号获得的，所以马化腾坚决抵制和打击这种行为。另一方面，腾讯也会丰富并加强技术手段，彻底根除这种扰乱互联网虚拟交易秩序的现象。

增值业务玩得爽

随着Q币被一些专家推到了风口浪尖，腾讯的虚拟类商品也越来越多，这体现出在互联网时代，广大网民对虚拟服务的狂热追求。马化腾紧紧抓住这个机会，在虚拟服务市场中再次创造了奇迹。

其实在国外早就有过对虚拟商品的研究和报道，不过一些外媒指出，依靠出售虚拟商品就能获得10亿美元收入的完美商业模式，在国外根本找不到，然而他们或许不知道，在中国有个叫马化腾的人做到了。

QQ最大的一个虚拟服务当属QQ秀了。其实，这个QQ秀并非是马化腾的独创，最早是网易的丁磊在国内采用的，却因为不具备QQ那样庞大的用户基础而搁置，对此马化腾戏称丁磊是“井打到一半，没出水就跑了”。

大约是在2002年的一天，一个名叫许良的腾讯产品经理在韩国考察时，偶然间发现一个名叫《Avatar》的游戏在当地一个叫“赛我网”的网站非常受欢迎。在这个游戏中，用户可以根据自己的喜好，随意更换虚拟角色的造型，比如发型、服饰、表情等，而这些造型需要支付购买。许良马上意识到，如果将虚拟形象引入QQ，让QQ用户通过虚拟形象来传递信息，岂不是开辟了一条盈利的新渠道吗？

“Avatar”一词源于印度梵语，意思是“分身、化身”，在网络上Avatar成为虚拟形象的代名词。另外，Avatar这个词语也是科幻电影《阿凡达》的名字。

马化腾觉得许良的建议很有可行性，因为QQ秀这样的服务，会让很多的用户觉得是一种情感的寄托，它代表了人们希望在别人眼中的形象，所以 QQ 秀已经不再是卖一件虚拟衣服，而是自身的一种存在感。

尽管马化腾对 QQ 秀的前景很有信心，但是作为一个决策人，他不会轻易对一件事拍板，更不会盲目跟风或者无端创新，他需要的是学习最佳案例然后超越他们。为了让腾讯继续发展下去，马化腾可以说进行了多次的尝试，最后发现韩国和中国在文化上有相近之处，比之于欧美国家更有可借鉴性，于是将其作为长期稳定的学习对象。

马化腾曾经解释过，在美国的环境中，任何互联网上的应用都是依照广告模式来收费的，这个在中国没有几年甚至十几年的时间根本做不到，韩国则不一样，它是凭借着增值服务来获取利润。也正是出于这种总结，马化腾才决心学习韩国。

马化腾在很多方面都比较敏感，一旦发现新生事物就马上跟进然后再去尝试。也正是基于这种心态，他带领腾讯创造了一个又一个新的奇迹。

2003 年 1 月，QQ 秀正式对用户开放。当时马化腾的想法是，要按照服装行业的规则来经营 QQ 秀。比如，传统的服装行业里，品牌是很关键的因素，一个人穿什么品牌的衣服就代表了一种怎样的品位，而 QQ 秀更多地就是依靠款式来展现个人品位的，所以在 QQ 秀商城里，像耐克这样的名牌虚拟服装随处可见。

在 QQ 秀开放之后的一段时间，马化腾找来了耐克等国际知名公司，将这些公司最新款的产品、服饰等形象放到网上，让用户下载“试穿”。当然，所有的注册用户都能够继续享有免费服务。由于 QQ 拥有大量用户基础，所以腾讯没有花一分钱就得到了这些大公司的产品设计，而用户也愿意让自己站在时尚的前沿地带。最后，马化腾还向这些大企业索要了广告费，而对方也是一百个情愿地掏出了银子。于是，QQ 秀给马化腾带来了巨大的收益。

除了衣服饰品之外，马化腾还让 QQ 秀和娱乐影视业相结合，共同开发 QQ 秀形象。2005 年，腾讯携手电影《无极》推出了《无极》人物造型系列的 QQ 秀。对此，马化腾的想法是，由于中国人在线生活的实现，所以满足用户的娱乐需求也变得越来越重要，而影视正是这种娱乐最重要的体现。在和电影《无极》合作之前，马化腾为丰富 QQ 会员线下文化娱乐生活，推出了“QQ 会员每季有好戏”系列活动，在活动中跟不少国际级的电影巨作进行了深入的合作。

现在，马化腾已经将 QQ 秀打造得十分富有生命力，这种带有游戏性质的虚拟装备，一方面提供给用户选择虚拟衣装的权利，同时也在“勾起”用户虚荣心的前提下，让 QQ 秀消费变成主流。据说，马化腾自己也玩 QQ 秀，他的 QQ 秀是一个留着长发的年轻人，身穿喇叭牛仔裤，戴一副墨镜。

QQ 秀业务的增长速度十分迅速，如果每个用户都愿意花一两块钱购买的话，那么 QQ 秀的收入简直就是天文数字。尽管 QQ 秀不是腾讯原创的产品，但是在中国大地上，目前还没有谁能够像马化腾这样将其发扬光大，也没有谁能在产品二次开发和经营的过程中不忘对用户心理进行揣摩，这种学习已经不再是单纯的复制，而是一种微创新的胜利。

不过，在腾讯为用户推出 QQ 秀之后，外界也是褒贬不一。喜欢的用户觉得终于有机会装扮自己了，让自己的 QQ 形象更酷更美丽。不喜欢的用户却觉得这是一种“捞钱”的行为。出于对用户心理的照顾，马化腾推出了 QQ 秀关闭申请，让那些不喜欢的用户不必再面对一个“赤裸着的”自己，而是彻底地取消这个窗口。

以 QQ 秀作为发端，马化腾找到了一个无线增值之外的全新商业模式，他将其叫做“互联网增值业务”。在此基础之上，马化腾还推出了 QQ 空间和 QQ 宠物等增值服务和产品。

QQ 空间的诞生，标志着中国第一家大规模盈利博客服务的诞生。虽然它是免费使用的一种虚拟服务，能得到简单的模板和礼品，然而很多用户为了让空间更美丽，往往会花钱购买更高级的服务，于是，QQ 空间通过出售虚拟商品盈利不少。

和 QQ 秀相比，QQ 空间“捞钱”的本事更大一些，毕竟 QQ 秀只能卖卖衣服、道具和背景之类的小玩意儿，而 QQ 空间可以出售很多东西，大到桌椅板凳，小到鲜花野草，统统可以购买。这些让人眼花缭乱的产品，让不少用户产生了购买的欲望，并伴随着博客的火爆而一度走俏互联网。

QQ 宠物和 QQ 秀、QQ 空间不太一样，它是马化腾利用用户心理需求缔造的产品，他让那个憨态可掬的小企鹅变成了招人疼爱的虚拟宠物，不少用户为它花钱买东西，成为了腾讯日进斗金的王牌产品。

在马化腾看来，腾讯之所以开发出种类繁多的增值服务以及后来上线的网络游戏等新业务，完全是基于一种企业自身存在的危机感。马化腾相信，门户可以帮忙腾讯黏住用户，网络游戏可以帮助腾讯增强品牌吸引力，而增值服务可以满足用户的消费需求，所以他将在这条道路上不断探索下去。

6

Q在当下

不Q的日子，你好意思吗

腾讯QQ自从上线的那一天开始，就引起了广大中国互联网用户们的热切关注，这个神奇的软件和手机、电脑的有效结合，成为人们生活中必不可少的组成部分。

在QQ出现之前，很多人还在延续着书信往来、电话沟通的交流乐趣，然而随着高新科技的发展，马化腾缔造出的小企鹅逐渐变成了人们的通信录，每个人都可以拥有属于自己的账号，通过QQ账号可以结识天南地北的人。

为了满足大众需求，马化腾也不断对小企鹅进行创新，持续更新着版本，让QQ的功能越来越强大，可以视频聊天，跨越空间距离，让两个相隔很远的人也能够跨越国界，感受到对方的喜怒哀乐，缩短了彼此之间的距离，也增进了感情，减少了思念和牵挂。此外，还能够通过即时语音像打电话那样互相诉说心情。后来，马化腾推出QQ空间，让每一个用户能够随传随拍照片，还能撰写各种长短不一的文章来描述自己的心情，和广大网友一起分享。

有了这个几乎无所不能的平台，网民们找到了很好的梳理心情的方式，将每天的感想借助平台付诸文字。另外，好友们会对你的心情进行点评，有时候会让人有一种拨云见日、茅塞顿开的感觉。QQ给人们带来的方便，实在是数不胜数，它越来越被更多的人使用，甚至连一些老年人也开始学着用QQ这个平台来展开交流。无论是上班还是出门在外，无论是通过电脑还是手机，人们都习惯打开QQ看看各位朋友的近况，仿佛完全融入到了一种新的生活。

随着高新技术的不断发展，QQ也在不断引进更多更强大的功能，在满足人们对新鲜事物的渴望的同时还能服务于大众。为此，有人无不感慨地说：在QQ上，一些人来，一些人走，然而QQ却永存。

还有人认为，这十几年间最伟大的发明就是QQ，因为它足足改变了一个时代，改变了一代人的生活方式和思想观念，而这种改变对比传统的交流方式，绝对是革命性的。人们通过QQ聊天拓展了自己的社交圈子，能够认识陌生人并联系老朋友；利用QQ来工作，互相传递文件和E-mail；利用QQ浏览新闻，及时了解国内外的动态；还能够通过QQ群分享信息；利用QQ游戏打牌、玩象棋，休闲放松；更有的人，通过QQ找到了自己的另一半，成就了一段又一段的网恋传奇。很多人甚至认为，QQ 上的爱会更加纯净，是一种非常接近柏拉图式的爱情。

从生活到工作，从学习到游戏，从现实到虚拟，QQ 几乎满足了用户的每一类需求，让人们越来越依赖 QQ。难怪有人会调侃地说：可以没有手机号，可以没有银行账号，却不能没有 QQ。

随着时代的发展，现代人的生活节奏快，平时工作学习大多都要面对电脑，所以很少有人会采用打电话这种方式来沟通感情，而且有时候拿起话筒之后会觉得无话可说，然而 QQ 就不一样了，不仅因为它是免费的，而且在网上随便聊两句，想起来什么就说什么，是一件很简单的事情，此外还可以一心多用，不受到时间空间的限制。当然，如果文字不过瘾的话，还可以通过语音和视频将沟通的方式升级，甚至还可以留言等待对方的回复。从这些特点来看，QQ 的确具备着很多其他通信手段所缺乏的优势。

相关调查显示，QQ 现在已经成为继电话和手机之后、中国人的第三大沟通工具，而且从使用频率来看，QQ 甚至超过了固话和手机。如果说固话和手机改变了人们的沟通状态，让沟通跨越了空间限制，那么 QQ 的出现则是让人们的沟通状态进入了一个全新的状态，它不仅能跨越空间限制，还可以跨越时间限制，而且也在沟通的维度上进行了新的延伸：从一对一到一对多、多对多。所以有人认为，QQ 正在推动国人步入到一个沟通的新时代。

在欧美国家，民众广泛使用的是 MSN、SKYPE 等聊天工具。而在中国，QQ 则有着绝对的用户基础。曾经有一个叫做“中印居民沟通指数调查”的项目，向被调查者提出了一个十分有意思的问题：“假想一下，现在身边所有的联络工具都将一下子消失，而你只能选择三样留在身边，那么什么沟通工具对你来说最重要最不舍呢?”结果，中国的被调查者给出的答案是：手机(91.1%)、固定电话（82.3%）和腾讯QQ（21.5%）。

这是一个很值得大家深入思考和探讨的话题，在网络上还有一个类似的调查——“汽车等交通工具和手机等沟通工具让你只选其一的话，你将会如何选择”，结果显示，很多人宁愿失去汽车等交通工具，也不愿离开手机。由此可见，手机等沟通工具已经成为了现代人生活中难以割舍的组成部分。随着智能手机和移动互联网的发展，手机上的QQ也成为了人们不可缺少的软件之一。

很多时候，当人们上网使用QQ聊天时，估计已经忘记了QQ是一个互联网产品，而是将它当做了和茶杯、椅子、锅碗瓢盆等一样的生活用品。不管你承认与否，QQ正在像水和电一样，一点一滴地渗入到每个人的生活中，丰富人们的精神世界和物质世界。

微信改变生活

随着微信平台应用的不断泛化，为数不少的企业越来越意识到其中隐藏着的巨大商机，抛开这些营销效应不谈，单就作为手机日常社交应用的软件来看，微信带给人们生活的影响也越来越重大。比如，曾经盛极一时的手机打车软件，让不少用户享受到了极大的便利。另外，微信的一些新应用优惠策略也让不少用户动了心。除此以外，通过微信找工作，通过微信来逛超市，甚至微信招亲都可能在不远的将来成为人们所熟知的功能。

打车软件给那些赶时间或者对道路不熟悉的朋友带来了极大的便利，也在一定程度上调节了出租车实载订单，帮助司机减少了扫街的时间，从而对社会资源进行了有效的整合。除此之外，同步推出的微信支付等消费形式，也在 PC 端之外为用户提供了更方便的业务。或许具体的优惠程度并没有那么大，但是仅就市民出行而言，微信就做到了让人们将日常生活和互联网、手机的应用消费紧密地联系在了一起。

在过去的几年间，绝不会有人想到手机软件预约打车而且还能够扫描支付，而现在这些随着微信的诞生变得十分寻常和普遍，也让那些不熟悉微信的人觉得它真的是一个神奇的应用软件。

另外，基于微信扫描技术产生的微信超市购物和微信招聘，也成为了近几年手机应用软件中的新鲜事。传统的商场超市，其购物优势在于现货购买可以节约时间，然而网购的兴起引发了价格大战，商场购物因为租金问题无法和网购的低成本相抗衡，所以不少精打细算的人开始了网上团购省钱的体验。一些更为精明和老练的家庭主妇，甚至将团购功夫练到了登峰造极的地步，随时随地都能抢到第一手优惠信息。

相对实体店的高价格，网购也带来了一些假货问题和售后问题，而且一些责任心不强的快递也在其中起到了破坏作用，成为了买卖双方都切齿痛恨的对象。于是，实物购买依旧是人们日常生活中无法被割舍掉的一部分。

现在，随着微信扫描的功能日益普及，很多消费者看到了一种新的购买模式——只要拿着手机对准某个商品轻轻扫描一下，就能够查看很多相关信息，甚至可以判断出商品的真假。随着日后微信超市购物技术的逐渐成熟，用户通过就近的超市送货也将成为一种全新的网购体验。

微信最重要的社交功能，虽然其信息的保密性和真实性还存在一些问题，不过随着微信应用的不断完善，今后必定会出现更加系统化和科学化的网络认证和安全保障制度。

在微信刚刚诞生时，有人说微信会改变世界，必定会招来一大堆人的嘲笑，不过现在不同了，微信真的在影响着人们的生活观念。扫一扫，就能够“扫”出一个新世界，而微信正是通过这种强大的功能，让线下和线上、人和机、物和网有机地结合起来。在这个结合的过程中，“微信支付”的加入让整个购物链条形成了一个良性的闭合式循环系统。

经历了博客时代，经历了“人人社交”时代和后来居上的微博时代，用户不断地接受着新的社交方式，微信也让一些风行一时的社交平台逐渐没落。过去人们是习惯刷微博，而现在则是习惯刷微信。毫无疑问地，微信已经成为了人们生活中的一部分，甚至在某种程度上影响了 QQ 的网络社交地位。

和 QQ 相比，微信的好处是随时随地都可以分享信息，而不必受制于有没有电脑，而且微信是直接联通了手机的拍照功能，可以将随手拍下来的图像和视频实时地传输到朋友圈中，这一点就比 QQ 具备了太大的优势。而且，微信分享生活，更让人有一种现场感，让人们能够最大限度地嗅到生活的气息。

在朋友圈里，每一个人都会乐于将自己的点点滴滴“晒”出来，当然在这种“晒”的背后，是一种渴望被人关注的心理诉求。哪怕这个人不是一个善于玩弄文字的粗人，说不定也会写出一大段描摹心情的文字。

在这种迫切地希望被朋友们关注的潜意识之下，每一张照片都经过手机修图软件的美化，朋友圈里到处都是美女和帅哥。甚至一段普普通通的文字，也会小心地修饰一番再发出去。当你的一条状态有了点赞和回复之后，一种叫作“存在感”的东西马上会充斥于你的内心。或许在一瞬间，有人还会觉得：原来我有这么多朋友，有这么多人在时刻关注着我，我还是挺受大家欢迎的嘛！

同时，微信的私密性更强，它可以将用户的评论自动隐藏，除非发表评论者和浏览者同为好友，否则发表评论者只能看到自己的评论和点赞，这和QQ空间中一大堆评论挂在某一条状态下的形式完全不同，你无法得知一条状态有多少人评论过，更无法窥测到他们都说了些什么。也许正是这种保密措施的出现，让微信成为了用户首选的发表心情的网络阵地。

当然，作为一个新生事物，微信本身也存在着一些不可避免的缺陷，那就是它的封闭性很强，通常在一个朋友圈子里，人们所能看到的分享和转发内容，基本是围绕同一个信息大类的，甚至还会有很多重复的信息出现，从这个角度来看，微信将一个圈子中的人视野局限住了。

曾经有一个美国人说过，社群的社交演算法会让人们过滤出只属于私人圈内的话题，而这种现象可能会导致一种“自私的循环”，让人们被锁定在一个“网络过滤气泡”中，很难看到气泡之外的陌生事物。或许这个美国人说得很有道理，面对“网络过滤气泡”，几乎没有谁可以顺利逃脱掉。当然，即便没有微信，没有其他任何社交网络，一个人也不可能对世界上所有的知识和信息都了如指掌，人们注定生活在“气泡”中，只是相比于现实世界，微信的这个作用会显得更加突出一些。

不过，换一个角度来看，正是因为微信将一个圈子的人“包裹”在了一起，所以才能集中人们有限的注意力，让大家对很多关键的信息做到充分吸收，而这种吸收对一个人的思想观念和行为模式都有着重要的影响作用。

在微信大行其道之后，更多的人对手机的依赖程度加深了，也就出现了朋友聚会中纷纷低头玩手机的景象。对此，有人很悲观地认为，这种社交方式颠覆了社交的本质意义，微信让陌生人之间变得更近，却让熟人之间变得遥远。不过，也有人认为，这是现代社交的一种改变，没必要对此杞人忧天。

有关微信，实在是有太多的话题，也存在着太多的争议，不过有一点可以肯定的是：无论你用不用微信，它都在那里，不离不弃。

“企鹅爸爸”和“企鹅妈妈”的故事

马化腾是一个带有极客气质的技术型人才，也是一个资历颇深的网虫，早年没有创业的时候，他的时间大部分都泡在了网上，每天至少上网三个小时，最痴迷的时候一天上网十几个小时。后来创办了腾讯之后要忙于事业，更没有时间做别的事情了，即使有时间上网，顶多也就是一个小时左右。当然，马化腾这上网也不是为了玩，而是体验他们开发出来的产品是否存在什么问题，因为马化腾最重视的就是用户反馈了。

由于马化腾性格比较内向，不太爱说话，也不喜欢呼朋唤友，再加上他理工男技术宅的特性，所以也根本没有时间谈恋爱。想来也许他自已都没有想到，他一手创办的小企鹅竟然会成为他的红娘，将千里之外的姻缘用网线牵来。

2004 年 5 月的一天，一个腾讯的香港员工到深圳进行交流工作，由于这位员工不会用 QQ，马化腾就用自己的私人号码登录了QQ，教给这位香港同事怎么用QQ加人。当时为了添加方便，马化腾开放了添加好友的限制，让其他人可以随便加他。很快，就有一个陌生女孩加了马化腾。

当时，那女孩问马化腾："嗨！你是谁呀？"马化腾随便一答："我是企鹅的爸爸。"女孩当然不相信，还以为马化腾是在和她开玩笑，于是也很幽默地说："那我就是企鹅的妈妈了。"结果，女孩还是不依不饶地追问马化腾："告诉我好吗？你到底是谁？"马化腾只好说："我只是一个普通的工程师。"女孩快人快语，自我介绍叫王丹婷，是哈尔滨师范大学管弦系青年讲师。经过一段时间的线上交流，马化腾了解到王丹婷曾经举办过多次二胡演奏会。

从这以后，马化腾和王丹婷就成为了QQ上的好友，不过由于两个人工作都比较忙，所以在QQ上聊天的时间也不是很多，即使聊天也都是一些无关隐私的个人兴趣、爱好之类的话题。当时马化腾给王丹婷最大的印象就是：打字非常快，感觉是一个很能说的人。

三个月后，马化腾去北京出差，恰巧王丹婷也要去北京开演奏会，于是他们就有了第一次见面的机会，两个人见面之后一起吃了顿饭。

见面那天，王丹婷从马化腾手里接过名片，这才知道他真的是"企鹅的爸爸"，这让王丹婷十分惊讶。不过，尽管马化腾有着特殊的身份，但是他给王丹婷的印象是为人真实坦诚，话也没有在网上那么多，却是字字珠玑，一针见血。王丹婷给马化腾的印象也非常不错：文静娴雅，举止得体。就这样，两人有了一种相见恨晚的感觉，他们聊了很长时间，直到饭店关门。

两个人在北京的行程结束之后，就各自回到了属于自己的城市。从那以后，每到晚上和周末，王丹婷就坐在电脑旁等候着马化腾上线，不过因为马化腾实在很忙，所以上线的机会也很少，但是只要两个人在网上碰到了就会畅快淋漓地聊一场。渐渐地，两个人对彼此产生了好感，后来他们又找机会见过几次。

一般来说，做 IT 的人都不太喜欢将太多的时间和精力用在感情上，像百度的李彦宏、当当的李国庆都属于闪婚一族……马化腾也不能例外，在和王丹婷交往不久之后，他向对方提出了求婚。就这样，两个人从网络邂逅到相知相爱，前后大概用了半年多的时间。马化腾用自己开发的聊天工具找到了另一半。

马化腾和王丹婷的婚礼，是在深圳华侨城的威尼斯皇冠假日酒店举办的。众所周知，威尼斯是世界著名的爱情之城，相传如果能乘坐贡多拉船航行在威尼斯运河上，恋爱的人只需要一个缠绵深情的吻就可以白头偕老。马化腾和王丹婷都喜欢这个美丽的传说。当时，外界谣传马化腾斥资 6000 万举办婚礼，其实了解马化腾的人一听就知道是个假消息，因为马化腾做事一向低调，不可能这么干。

事实的确如此，马化腾的婚礼拒绝了媒体，只邀请了双方的亲友和腾讯内部的一些老员工参加。婚礼当天，端坐主座的除了男女双方的家长外，还有两位深圳本地的高官：时任深圳市常务副市长的刘应力和副市长闫晓培，刘市长还担任证婚人并致词。由此可见，马化腾当时在深圳的影响力非同一般。

马化腾和王丹婷度完蜜月归来之后，将他们的爱巢选定在了深圳。房子前面原本有个人工湖，景色非常迷人，不过却生出了很多的蚊虫，这让王丹婷每天都遭受蚊虫叮咬。为了不让爱人受罪，马化腾买下了这个湖并找来工人将其填平，由此改造成为一个大园子。之后，马化腾拉着王丹婷的手说：“接下来，就要看老婆你的了!”

后来，王丹婷就在这个园子里种了许多果树。秋天，桃树上结满了红艳艳的大桃子，不过王丹婷却舍不得摘下来吃，而是每天都数一遍过过干瘾。后来，她种的葡萄也结果了，果味浓郁，吃不了就送给来玩的朋友和邻居。

当时，看着满身泥土的王丹婷，马化腾总是很心疼，一次他突然冒出个新想法，他要替妻子开拓一款网络游戏。有了想法之后，马化腾立即付诸实施，他和公司的技术人员讨论了几个昼夜，最终通过了测试，随后正式向广大用户开放，这就是曾经风靡一时的QQ农场。

近水楼台先得月，王丹婷自然是第一个体验QQ农场的用户，她的种菜级别自然也提高得很快。为此，王丹婷曾经开玩笑说，马化腾是中国网民的奴隶，而她也是网民，因此马化腾也是她的奴隶。于是，QQ空间后来又出现了奴隶买卖的游戏。

应该说，王丹婷代表了一些用户的需求，所以重视用户体验的马化腾也经常倾听妻子的意见。不过，忙于公事的马化腾，确实没有时间陪伴王丹婷，所以只好用一个又一个的QQ新功能去表达自己的爱了。虽然马化腾没有那么多的时间来陪妻子，但是在王丹婷看来，忙于事业的男人有一个好处，就是在家里没有时间生气和吵架了。因此，她也能坦然接受现状。

马化腾因为自己的产品而喜结姻缘，这样的故事对媒体来说自然是充满了新闻点，不过马化腾却不怎么喜欢宣传他自己的情感故事，他一如既往地奉行着“低调为人，高调做事”的原则。

结婚之后的马化腾发生了很大的变化，过去马化腾总是每天工作到半夜也不下班，不断地找出很多问题来给相关负责人员，大家一起解决问题。现在不一样了，马化腾的下班时间提前，一般是晚上九十点钟下班回家。尽管如此，马化腾依然是一个工作狂，腾讯的员工们总是能在第二天早上看到马化腾写给他们的关于产品改进建议的电子邮件，而发邮件时间通常是前一天晚上的十一二点左右。

除了下班时间提前之外，马化腾结婚后的另一个变化是开始注重衣着了。在结婚之前，马化腾对衣服没有什么特殊偏好，只要没有正式活动，就会穿一些T恤之类的休闲装。在马化腾结婚后的一个星期天，王丹婷将马化腾的衣柜打开，将全部的旧衣服都拿了出去，把马化腾心疼得够呛，但王丹婷还是坚持将衣服扔掉，之后领着他去了商场。结果两个人足足逛了一天，在晚上回家时，马化腾像个小跟班儿似的跟在妻子身后，手里提着大包小包的衣服。

第二天上午，当马化腾穿着新买的西装出现在公司时，立即就有员工开玩笑说："小马哥，你的品位变得更好了哦。好靓啊！"就这样，马化腾在王丹婷的指点下开始对着装有了概念，每当他出现在公众面前时，也多了几分自信、时尚和洒脱。

对马化腾而言，王丹婷是他坚强的后盾，也是他快乐的来源。他喜欢王丹婷和他的不同之处，比如王丹婷喜欢热闹，喜欢将自己的快乐和他一起分享，也喜欢弹奏乐器。马化腾曾说，女人在演奏时是最美丽的。

王丹婷也十分心疼马化腾，知道他身处IT界，工作十分辛苦，所以只要他们两个人在一起，王丹婷都会尽可能地照顾他，让他感到来自家庭的温暖。两个人有空的时候，也会出去看一场电影，或者听听音乐会。

王丹婷说："妻子要让丈夫感受到呵护，其实都在细节上。比如我们去泰国，他看到一个用电线缠做的丑丑的娃娃，简直爱不释手，我可一点也不喜欢，甚至在心里还很怕它的样子。可看他那么喜欢，就帮他砍价买了下来，带着这娃娃回到家里。我想，为对方着想一点，都会有感应返回来，这种感觉非常好。"

通常来说，男人总是会担心妻子有了孩子之后会疏远自己，然而王丹婷却不是这样，在他们有了女儿之后，王丹婷请了个小保姆帮助照顾孩子，所以还是有空和马化腾跑出去谈场"小恋爱"的。在马化腾看来，他能够娶到王丹婷，他的人生更有底气了。

2010 年 10 月 29 日是马化腾的生日，王丹婷想了半天决定送给他一份创意礼物，她通过网络找到了马化腾生日那天的《人民日报》，然后请了一位漫画家在报纸上画了一匹马并加上了镜框。这个礼物让马化腾非常惊喜，他一直小心珍藏。

王丹婷对夫妻关系有着自己的看法："有人说，男女之间应该像一个缺了口的圆，刚好找到一块三角形凑上。但如果那块三角形长大了呢，你这个缺了口的圆不就装不下了吗？所以两个人都应该是圆，大大小小不要紧，关键能一起蹦蹦跳跳地向前滚。"

王丹婷就是以这种聪明、宽厚、体贴的方式爱着马化腾，享受着他们之间那种既独立又依赖的爱情，让他们的人生充满乐趣和新鲜感。

◆紫钻时代——“堂”主发令，万人听喝

7

决战在即时通信之巅

小马哥慈悲养老虎

正当马化腾的小企鹅作为中国互联网界的一颗新星冉冉升起之际，来自国外的一款即时通信软件也进入了这块战场，它叫 MSN。

MSN 是由鼎鼎大名的微软公司成立的因特网服务提供商，它在 1995 年 8 月 24 日随着 windows 95 的发行而面世。人们可以通过 MSN 邮箱从 www. hotmail. com 中进行免费下载，而 MSN 的功能也很齐全，它具备了聊天、视频和通知用户接收邮件等一系列互联网在线功能。

相比于马化腾的 QQ，MSN 的优势是跟 windows 的完美绑定，让用户不必担心为了安装 MSN 而准备硬盘空间（在硬盘容量很小的 90 年代这个优势非常明显）。由于中国至少有 90% 的用户的电脑都是安装的微软操作系统，因此被绑定其中的 MSN 也大受中国用户欢迎和喜爱。

当然，MSN 进入中国的时间也比较晚，这是因为之前微软一直将投放的重点放在了欧美国家，而在他们发现中国即时通信市场还没有形成绝对垄断之后，也气势汹汹地杀入进来。当然，和 QQ 相比，MSN 在游戏方面存在着非常明显的弱项。但是对微软而言，他们抓住了一个进入中国市场的绝好机会，那就是马化腾对 QQ 收费的决策。

其实，微软将 MSN 绑定在操作系统中，是一种典型的垄断行为，在欧美国家中很多人都曾和微软打官司，认为它这是赤裸裸的侵害用户权利的行为，因此微软不得不在某些方面有所收敛。只是，当时的马化腾还没有这种反垄断的意识，不然他可以直接通过法律手段对微软进行控诉。如此，广大中国用户的电脑中将不会存在 MSN 这个软件了。

2001 年 1 月，MSN 推出了跨越亚洲 6 个国家和地区的版本，这其中包括了韩国、中国香港、中国台湾、新加坡、印度和马来西亚，一下子让 MSN 拥有了 33 个市场和 17 种语言版本，成为了没有任何网络门户可以超越的国际级大门户。

到了 2001 年 10 月，微软进一步采取行动，推出了中国大陆版本的 MSN Explorer 软件，同时照例捆绑了经过专门定制而成的 MSN 中文版本门户站点的链接：china. msn. com。很显然，微软的这一系列大动作都是摆明了要抢占中国这块巨大的市场。很快，这个网站的链接也发到了微软中国的主页上。不过，根据有关规定，这个网站在运营初期的时候还不能提供各种新闻，只能提供技术方面的内容，同时也包含了对微软相关产品信息的介绍。

当时，中文版的MSN网站的托管地被设在了美国。微软亚洲MSN分部总经理解释说："中国大陆对国外互联网内容提供商的限制较为严格，这样我们的网站在法规上不会遇到麻烦。"

微软的这一系列动作都是在毫无征兆的前提下进行的，一时间让马化腾和其他即时通信软件都不知道该怎么办才好。虽然当时媒体一直在盛传MSN落地中国的野心，然而这些消息无一例外地都被微软否定了。由此可见，微软对中国市场的揣摩程度达到了很深的地步，他们不会轻易暴露出自己的目的，为的是减小进入市场之后跟同行们的竞争。

当时，微软大中华地区的主管说："我们仍然关注他们的行动方向。我们正在观察。"根据内部人士透露，当时微软对MSN如何进军中国市场形成了多个方案。

面对MSN的悄然进入，马化腾并没有显出慌乱，他说："有压力是好事，我们会避其锋芒，不会与它硬拼。"

尽管微软总是在无意中透露出一些信息，然而真正关键的东西他们还是闭口不谈，除此之外，媒体和微软之间的一些纠缠也让人们捉摸不透。

那时候，微软已经宣布放弃去追赶美国在线，也不打算成为全球最大的在线服务提供商，而是为他们旗下的MSN制定出了一个新战略方针：力争成为一家有影响力和号召力的门户网站。因此在面对媒体采访的时候，微软的回应是：他们将通过MSN积极在中国寻找合作伙伴。这个消息放出之后，微软以MSN为利器进军中国的战略方向，就大致明确了。

2002年10月24日，比尔·盖茨在纽约的中央公园参加了

MSN 8.0 在美国和加拿大的首发仪式，同时，微软 MSN 亚洲区总经理也来到了北京，和 5 家专业的媒体见了面，完成了在中国对 MSN 的首次推广。

对于亚洲区总经理的到访，不少人猜测微软必定是加快了向中国市场推进的速度。不过这一次人们的猜测再度遭到了微软的否定，他们表示总经理的出现并非仅仅为了 MSN，而是还有其他的政策性的问题没有解决。另一方面，微软也表示，他们在文化差异方面带来的版本更改也需要认真考量一下才行，因此 MSN 绝对不会贸然进入中国。

微软虽然对 MSN 的进军计划遮遮掩掩，但有一个事实是难以否定的，那就是 MSN 已经成为了中国商务人士和知识阶层常用的即时通信软件。随着和中国客户的正面接触，微软也在不断完善 MSN，并在 2005 年 4 月 7 日推出了 MSN messenger 7.0 正式版本。这样一来，MSN 的矛头直接指向了马化腾的小企鹅。

和 QQ 相比，MSN messenger 7.0 有很大的亮点，那就是微软之前一直反复强调的“凸显个性”和“展示自我”。对于那些经常乐于改变网名的用户来说，MSN messenger 7.0 将用户的“显示名称”分成了两个部分，一个部分是“名称”，另一个部分是“个人消息”，所谓的“名称”显示的是用户的真实身份，而“个人消息”则是展示用户的灵感火花。

其实拿到今天来看，MSN messenger 7.0 关于“名称”和“个人消息”的创新和 QQ 的签名比较相像，这种复制和模仿或许可以看成是微软的一种“微创新”。除此之外，微软还推出了一款可以用来帮助门户网站和即时通信软件进行无缝对接的服务，也就是通过 MSN messenger，用户能够很快地进入到 MSN 的各个频道之中，自由地享受在线生活给他们带来的乐趣。

对于那些喜欢听音乐的用户来说，MSN messenger 也给他们带来了不小的福音，因为 MSN messenger 能够在任何时候向用户的好友传递自己的音乐品味，而这个传递方法非常简单，那就是用 windows 自带的 windows media Player 播放歌曲，而歌曲的名字随时随地都能够显示在用户的“个人消息”中。不过，这个“创意”似乎也没有什么太新鲜的地方，因为腾讯的 QQ 音乐在线收听也能够和好友一起分享音乐。

更让马化腾感到有些无奈的是，MSN messenger 也推出了跟 QQ 空间类似的服务——MSN space，用户能够通过 MSN messenger 建立一个属于自己的网络共享空间，通过网络日志、照片、音乐等流行的方式来展示自我，能够为用户创造一种存在感和自豪感，让 MSN 为用户打造的这个世界充满了无尽的乐趣和享受。

除了以上这些新功能之外，MSN 又将它的 hotmail 邮箱服务制作得更加稳定和流畅，高举着“跨平台即时通信，全天候在线联络”的旗帜，成为了一款和 QQ 同质化色彩十分浓重的即时通信软件。

马化腾看清楚了局势，知道事情不好办了。他逐渐意识到是自己的麻痹大意酿成了大错。虽然马化腾早就知道 MSN 存储在计算机里，但是当时他并不觉得 MSN 会对腾讯造成威胁。然而，当他与丁磊、陈天桥在即时通信市场上厮杀之时，落地中国的 MSN 逐渐从一粒种子，生根发芽并长成了参天大树。等马化腾醒悟之际，却发现自己已经站在这棵“大树下”。原来，最大的“敌人”一直在他身边，只是他没有发觉而已。

MSN 很聪明，它将自己的即时通信“种植”在了计算机里，不惹人注意。在温室中慢慢地吸取着“养分”的MSN，经过一段时间的能量蓄积，最终发挥出了优势。在战略上，此为“避重就轻”；在商场的竞争中，此为“后发制人”。

在微软还没有宣布MSN进入中国的时候，它首先想的是找合作伙伴。这和eBay在刚刚进入中国时的想法一样。不过不同的是，eBay是通过注资易趣、最后全面收购易趣的方式正式进驻中国的。微软没有那么做，它只是单纯地找合作伙伴，共同将中国市场拿下。微软经过一番考察，最后选定了上海联和投资有限公司。具体的合作就是，微软与它共同成立一家合资公司，将MSN带进中国。

这个消息刚刚传开时，中国的互联网公司都吓了“一大跳”，微软这个全世界IT业里的老大到中国来，明显是向整个中国的互联网企业宣战。

由此可见，MSN这次进军中国，已经做好了方方面面的准备，甚至连自己的竞争对象也准确地锁定在了QQ身上。而且从另一个角度也能够发现，微软对MSN messenger的每一个细节改造，都是基于对QQ的长期关注而形成的，他们将在这条商务和娱乐相结合的道路上与QQ狭路相逢，揭开即时通信市场中的两强鏖战。

微软的“十字军东征”

2005年5月11日，微软互联网事业部正式对外宣布，他们已经跟上海联合投资有限公司一起成立了合资公司，将MSN推进到中国。

马化腾早就料想到了 MSN 会有大张旗鼓和腾讯抢占蛋糕的这一天，这不仅是之前微软时不时透露出来的各种意向，也是他观察和分析而得出来的结果。只不过当这个消息正式公布出来之后，还是让马化腾感到了些许压力。虽然 QQ 和 MSN 相比具有一定的本土化优势，但微软在互联网界有着说一不二的地位和实力，一旦他们认真起来和小企鹅较劲儿，谁胜谁败还真的不好说。现在，马化腾唯一能做的就是见招拆招了。

其实不光是马化腾感到了压力，中国的其他互联网企业也在紧张地观察着微软的一举一动，他们都很清楚，MSN 只是微软挺进即时通信市场的一支军队而已，除此之外微软还将向各个领域发动进攻，所以它所带来的威胁是针对整个中国互联网市场的。

2005 年 6 月 2 日，一个惊人的消息在网上爆出：上海文广新闻传媒集团东方宽频传播有限公司、赛迪网、猫扑网、淘宝网、北青集团北青网、Englishtown、联众世界、指云时代和上汽集团人来车网等 9 个 MSN 的合作伙伴，一起从幕后走向了台前。直到这一刻，人们才知道他们早已经成为微软进军中国的“左膀右臂”。

“外来和尚”加上“本土和尚”，这种组合让马化腾不由得倒吸一口凉气，他知道微软凭借自身的实力再加上国内互联网企业的推波助澜，会让 MSN 的这次“十字军东征”掌握十足的胜算，对小企鹅的威胁将是致命的。

事实的确如此，当时中国很多的内容服务商都想和 MSN 建立关系，除了赛迪网之外，其他 8 个网站都是通过竞拍的方式加入到微软攻守同盟当中的。据说，当时参与的每一个网站，其加盟费都达到了千万元人民币以上。根据知情人透露，微软对这 9 个小兄弟也非常大方，将会跟他们进行 50% 的利润分成。

微软选择的这9个合作伙伴，几乎都是当时中国互联网中最赚钱的网站，他们包含了最流行的业务和最强劲的发展态势，可见微软是带着横扫中国的气势而来的。

淘宝网一位执行层的负责人反映，他们跟MSN合作的利益分享方式是这样的：客户在MSN上的淘宝购物、打广告所产生的收益全部归MSN所有，而淘宝在这方面没有一毛钱的分成。这就让人感到奇怪了，既然没有收益，淘宝为什么要参与进来呢？对此，淘宝方面的解释是，他们希望通过跟MSN的合作来获得流量，因为MSN上的用户很多，而且高端用户为数不少，淘宝可以凭借这种资源共享来拉动他们的流量。

当时，淘宝每天的流量是7000万，他们计划在和MSN合作之后再增加3000万。而且，淘宝对这种合作也十分放心，因为在MSN的购物平台上，淘宝是唯一的合作伙伴，他们有着专门的手段去检测从MSN上过来的流量。

从MSN发布的新闻通稿可以看出，淘宝在9个合作伙伴中的地位举足轻重，可见此次MSN的东进战略是在筹划着下一盘很大的棋。

当时MSN为了能够顺利打开中国的即时通信市场，积极在各个领域寻找合作人，从开始寻找到最终敲定一共花费了半年的时间。后来，MSN为了获得互联网信息服务业的“中国准入证”ICP牌照，在上海凭借合资的方式成立了上海美斯恩。可是到了后来，微软放弃了申请ICP牌照，转而将合作伙伴加盟作为他们进入中国的方式，由此可见，微软对中国互联网市场的熟知程度已经提升到了新的层次：借助现有的资源去当一个躲在幕后的高手。

抛开微软对中国市场采取的商业策略，单从对付竞争对手这个角度看，他们也有着过人之处。微软通过各种捆绑策略，让竞争对手无话可说却又不得不面对现实。当初，微软捆绑 IE 浏览器，让网景公司一下子一蹶不振，如果微软继续这种策略的话，那么等待 QQ 的将会是更加可怕的局面。

其实，在当今这个万事追求“双赢”的社会中，对于 MSN 来说，跟中国的本土企业相结合是非常明智的选择。一方面，微软能够通过他们在中国市场的影响力赚到不少的合作费，另一方面他们可以借机让 MSN 顺利地渗透到中国互联网市场中的各个角落，不给竞争对手转圜的余地。微软显然明确了自己的发展方向：多方渗透，全面造势，这样才能全面地占领市场，和腾讯这样的即时通信巨头进行对抗。

相较微软的借力打力，美国在线、雅虎中国在这方面的商业策略就显得差了很多，因为他们没有找到可以适应中国特殊国情的扩张之路。从另一个角度来看，马化腾所面对的竞争对手是相当可怕的。

来自 MSN 的挑战，可以说让马化腾忧心忡忡，不过他并没有乱了方寸，因为他在和 MSN 对抗的过程中，也从对方那里学习到了新的招数。在此之前，马化腾的用户策略是瞄准 20 岁以下的低年龄用户，现在 MSN 来了，他也必须要从对方手中夺回那些高端的白领用户，这样才能壮大腾讯的用户群，从而和 MSN 展开寸土不让的阵地战。

在一次电视对话中，马化腾说了这样一段话：“从通信市场来看，我们现在最大的竞争对手确实是 MSN，即时通信市场是目前我见过的互联网应用最激烈竞争的市场，大大小小算起来超过

40家。这个行业市场技术门槛不是很高，但是易学难精。即时通信价值在他的用户群越大，产业价值才越大。所以要有一定的先发优势。”

马化腾讲了这番话之后，也坦诚地表示自己面对MSN的咄咄逼人感到了生存的压力。由此，一个问题摆在了马化腾的面前：在和MSN一决雌雄的时候，QQ的核心竞争力到底体现在什么地方呢？

马化腾觉得，QQ用户群定位更偏重中国本地的年轻用户群体，而这个群体具有着结识陌生人的需求。相比之下，MSN在这方面体现出的产品定位则有些不同：它是将MSN和E-mail相结合，而这种结合方式恰恰证明了MSN主要服务于熟人之间的交流，其联络性超过了社交性。换一个角度来看，QQ是在“向上”渗透，而MSN是在“向下”发展。

一个“向上”，一个“向下”，从表面上看好像互不相干，但认真分析一下就会发现，MSN的向下和QQ的向上，恰恰是在同一条车道上的相向而行，双方不可避免地要进行激烈的碰撞，而谁的实力更强，谁就有机会在这可怕的碰撞中存活下来。

面对MSN的鸣笛警示，小企鹅准备好了吗？

别拿TM不当炮弹

在MSN发起挑战之前，马化腾对QQ的衍生品也做了开发，设计出了一个名叫BQQ的软件，也就是为企业用户提供的QQ。当时，中国地产巨头深圳万科就是BQQ的忠诚用户。

在正式推出BQQ之前，QQ在万科已经成为了一个非常流行的即时通信软件，上至总裁王石，下到普通员工，至少有一大半的人在使用着QQ，而且不少人都开通了移动QQ的功能。公司员工之间的联系，基本上都是通过移动QQ和短信。不过，马化腾经过长期观察发现，QQ这种娱乐功能突出的通信软件，如果直接用在企业上存在不少缺陷，于是他在倾听了一部分使用者的建议和意见之后，对QQ进行了改良，于是就有了BQQ。

在BQQ推出之后，万科上下立即全线安装，所有的员工身份都由服务器网管来制定，让万科的组织结构和同事身份一目了然，避免了找不到人和认错人的情况。因此从这个角度来看，BQQ让企业办公发生了革命性的变化。

当时不光是万科，其他一些企事业单位也将BQQ引进到了日常办公的体系之中。比如北京金山、青岛海尔等，他们都是通过BQQ来搭建一个企业上下级自由沟通的桥梁，同时也将BQQ当成和客户之间沟通的主要工具。

经过一段时间的摸索和实践，马化腾认为，IM类软件的核心竞争力，体现在即时通信用户区和社区的经营上，并非是谁占有的用户多谁就是老大。随着市场份额的不断拓展，BQQ完全可以从原有的用户群渗透到别的IM软件的用户群体当中。所以从这个角度来看，MSN的争抢并非都是坏事，只要腾讯经营有方，一样可以将原本属于MSN的用户转化成QQ自己的用户。

马化腾的这个结论，其实也来自当时对QQ用户群体分析的一种尴尬。在网络游戏流行之前，QQ是很多用户上网的主要内容，也正是QQ大行其道才带动了中国网吧铺天盖地式的发展，而迅速发展的网吧其实也给QQ的竞争对手们不小的打击，因为不少人上网只认识QQ，对其他的软件识别性不高，体验也不够好。然而从另一个方面来看，由于去网吧的大多数是一些年轻人而非商务人士，所以QQ无形中成为了“草根IM软件”的代名词。甚至在一些大公司当中，QQ的端口号被封锁住，不让员工使用。

就这样，QQ似乎成为了都市白领和学生之间的分水岭。正是由于这个原因，MSN才有机会进入到中国市场，它凭借着高雅商务的产品属性，打动了不少上班族的心。而一旦被一部分商务人士选用，MSN就会像病毒一样在商务人群中迅速传播开来，其资源特性决定了很多人必须使用这个工具，否则将会被所在的圈子抛弃掉。

不过，这两个圈子并非是矛盾对立的，而是在不断变化之中。学生成长为白领和商务人士之后，会在继续使用QQ的同时选择MSN，从而让两个原本并不相干的群体发生了重叠和交叉。当然，使用QQ是一种习惯，而选择MSN是一种需要。不过即便如此，MSN还是具备了QQ不具备的一些优势。

MSN的应用界面是非常简洁的，而且没有任何广告的骚扰，仅凭着这两个特征，就足以让一些QQ用户转移阵地。在马化腾看来，MSN所具备的优势，腾讯在短时间内也无法获得，因为他不可能将广告全都去掉，而且由于QQ自身所带的娱乐性，窗口也很难像MSN那样简洁。也正是因为这些先天性的因素，小企鹅面临着前所未有的危机。当然，更重要的是MSN有微软的强力支持，即便走错了一两步，也能够凭借自身实力扭转颓势，而没有任何后台的腾讯则不一样，一旦犯下致命错误，将会一败涂地。

从这个角度来看，QQ必须在保持本土化和年轻化的前提下，朝着高端用户群进军，否则将不进则退，彻底败给微软。

开辟一块新的战场，必须要通过更多创新的功能去发展新的用户，这样才能充分赢得市场的主动权，这也是马化腾和其他关注 QQ 发展的人希望看到的。为此，马化腾踌躇满志地打响了一场精彩的反击战。

2004 年，马化腾推出了一款名为 Tencent Messenger 的软件，简称为 TM。这个 TM 的定位和产品特色，完全是为了对抗 MSN 应运而生的。如果说 QQ 是针对个人用户的话，那么 TM 就是一款成熟的针对企业用户的即时通信软件。相比于 MSN，TM 在适应商务办公环境中的表现并不逊色，这也展现出马化腾对产品细化的新战略。

和 QQ 一样，TM 也是免费软件，用户可以通过 QQ 号码和手机号码进行申请，如果使用的是手机的话，那么在申请成功之后就自动绑定了手机，这样做的目的是增强用户“好友”身份的真实性。同时 TM 也没有 QQ 上的那些广告，界面也做到了简约大方。除此之外，TM 还增加了“智能秘书”“行业黄页”“名片”等商务功能。从这个角度来看，马化腾对 TM 的设计和研发真的是倾注了很多心血。

可以说，TM 无论在产品风格上还是功能上，都和 MSN 别无二致，而 MSN 在看到 TM 上线之后，也对其进行了吸收和模仿，双方之间的产品差异化越来越不明显，基本上处于一种相互影响、相互竞争的状态。不过，对于腾讯和微软来说，他们围绕即时通信软件的战斗才刚刚开始。

2005 年 3 月 11 日，腾讯对外宣布：收购 Foxmail，并将它的整个团队归入腾讯旗下，其中就包括 Foxmail 的创始人张小龙。

张小龙在中国互联网界可不是无名小卒，他在 1994 年毕业于华中理工大学，学历为硕士，长期从事软件开发和组织管理工作。2000 年，将 Foxmail 以 1200 万元的价格卖给博大公司之后，张小龙一下子从人们的视线中消失了。后来，张小龙加入了腾讯，立即成为马化腾身边强有力的干将，日后崛起的微信正是他的得意之作。

关于 Foxmail，网民几乎是无人不知无人不晓，因为在互联网上，它是唯一能够和微软的 Outlook 相抗衡的邮件处理软件。

至于为什么要收购 Foxmail，马化腾的解释是："我们看中的是 Foxmail 的技术和客户。"不过具体花费了多少钱，马化腾并没有对外公布。

在此之前，QQ 的邮箱技术如果跟微软、新浪以及雅虎等相比确实存在一些差距；而在收购 Foxmail 之后，腾讯轻而易举地提升了 QQ 在邮件处理方面的能力，因为在当时，邮箱技术是很多门户竞争的热点内容。

有业内人士认为，腾讯收购 Foxmail 可以跟微软当年收购 Hotmail 相提并论，都是增强自身业务能力的企业发展大事件。

Hotmail 是一个免费的电子邮件提供商，在 1996 年 7 月 4 日正式展开了商业运作，1997 年微软将其收购之后，它从原来的运行于 Linux 的平台朝着 windows 平台平稳过渡，后来还和微软的其他服务合并组成了 MSN 的一部分。如果从这个角度来看，马化腾收购 Foxmail 正是加强了同 Hotmail 的对抗能力，不过他自己却并不承认这一点，他只是说了一句话——"Foxmail 对商务用户的吸引力，对腾讯 QQ 而言是很重要的一点"。

现在，腾讯和微软之间的战斗越来越激烈了，双方不光拿出了看家本领，也在小心翼翼地提防对方"出大招"，所以都及时地将自身的弱点转化为优势，防止在对战中处于下风。很快，腾讯推出了 Tencent Messenger 2006 新春版，支持其他 E-mail 账号的开通和登录。如果拿这个新版本和旧版本相比的话，大家会发现之前的版本只能通过 QQ 号码、手机号码和 QQ 邮箱进行开通和登录，这显然是腾讯 TM 在软件开放性上的重要进步。

也正是 Tencent Messenger 新春版的诞生，再次将腾讯和微软的近身肉搏战推向了新的高潮。

可以说，腾讯 TM 的这种调整，意味着 TM 和 MSN 在高端商务领域中的争夺越来越激烈，马化腾显然也想通过这个开放性的改良，让原本青睐 MSN 的用户转移到 TM 的怀抱之中。

正是因为之前马化腾对商务领域的重视不够，才给了 MSN 趁势进入中国的机会，现在，他及时调整了产品定位和商业策略，希望能将丢掉的阵地重新抢回来。不过从另一个角度来看，这个战略新布局对马化腾来说也是利弊各半的。

有利的一面是，TM 用户群体得到了新的拓展；不利的一面是，QQ 注册相比过去减少了。但如果从整体来看，马化腾的这一招还是利大于弊，因为他认清了一个事实：MSN 没有注册门槛的服务方式吸引了很多用户加入，而且不容易被陌生人骚扰的产品定位让商务人士很是喜欢。因此，腾讯如果再不采取实质性的动作的话，那么 QQ 将会彻底沦为年轻人指间的玩物，而失去更高层次的品位。

2005 年的下半年，腾讯和微软的 IM 之争变得更加激烈和复杂。这时候，腾讯成功在香港上市，在资金上有了底气。反观 MSN，虽然其门户网站也在中国发展得不错，但是和本土的一些门户网站相比，MSN 的内容要贫乏不少，难以吸引更多海量的用户。因此，不管是IM市场还是内容网站，腾讯的优势依然要超过微软。为此，马化腾说了一句话："目前，IM的竞争已不仅是即时通信软件之间的竞争，更是综合实力的较量。"

不过，微软虽然在气势上不占优势，但是它毕竟还有一帮实力不俗的"小兄弟"，这也成了马化腾的一块心病。为了对付微软广泛结盟的策略，马化腾实施了新的阻击MSN的计划：一方面他调整了腾讯门户网站的版面，另一方面从专业领域中寻找战略盟友。

很快，马化腾盯上了IT世界网，双方经过接触之后马上确定了合作关系。2005年8月18日，IT世界网、腾讯网在北京组织举办了战略合作新闻发布会，宣布他们即将展开深度合作，内容有新闻、评测、导购和市场等，致力于打造一个中国网友高度参与的IT评测。

这个消息传出之后，不少人认为，腾讯和IT世界网都代表着各自领域中的新生力量，也都有着相当大的发展空间，因此在具体合作的过程中将会"心有灵犀"，不需要过多的磨合。至于马化腾为什么要强调"深度合作"，其实是和微软的广泛结盟针锋相对的一种行动：你能合纵，我就能连横。

当时，腾讯和IT世界网的合作的确是足够深入，他们在北京、上海和广州都建立了非常专业的评测室，而且还联手在线上和线下同步进行宣传，腾讯利用的是迷你门户首页为宣传阵地，效果十分明显。

事实上，马化腾和IT世界网的合作，体现出了一种新时代的新合作模式，也就是将门户网站和专业技术相结合的路线，从而摆脱了互联网时代早期的内容互换的模式，是一种思想意识层面的创新和颠覆。更重要的是，这种合作将有力地和 MSN 的联盟体进行对抗，帮助腾讯壮大声势。

当然，腾讯和 IT 世界网的合作仅仅是对抗 MSN 的一个序曲，在马化腾的精心策划之后，腾讯还将在新的领域中拉开新的战线，丝毫不给 MSN 继续发展的时间和机遇，要让它在立足未稳之际败在小企鹅的脚下。

“互联互通”，我没兴趣

腾讯和微软已经做好了各自的战略部署，下一步的工作就是如何将对方彻底击垮了。当然在发动大规模的“进攻”之前，双方都采取了一些试探性的手段。

首先发动试探性进攻的是微软。2005 年 10 月 12 日，微软和雅虎同时宣布了一个具有里程碑意义的消息：让 MSN Messenger 和雅虎通的用户在 2006 年 4 月到 6 月期间进行互联互通。依据雅虎和微软达成的合作协议，MSN 和雅虎通将在 2006 年第二季度在全球范围内实现互联互通，让双方合计约为 2.75 亿的用户实现全面的沟通。

微软和雅虎的这次合作，被外界认为是孤立另一个 IM 美国在线和新兴的 Google talk 的行动。根据相关数据显示，当时 MSN 和雅虎通以及美国在线是国际上三个最大的 IM 工具，拥有超过数亿的用户，已经构成了“三国杀”局势。现在，MSN 和雅虎通结成盟友之后，他们将形成一个更为强大的群体，注定会改变整个 IM 市场的布局。

事实上，早在 MSN 和雅虎通展开合作之前，网易泡泡和新浪的 UC 就已经通过互联互通这种方式来应对腾讯的垄断，然而由于种种原因未能成功。现在，MSN 和雅虎通实现了这个具有开创性的战略合作，而其他的 IM 厂商面对这种情况，也在积极地寻找着可以建立合作关系的伙伴。很快，就有几十家来自中国的 IM 厂商向雅虎表示了合作意向，不过这其中却并没有腾讯。从这个事件可以看出，雅虎和微软的合作已经极大地震动了 IM 市场，相应地给腾讯也带来了不小的压力。

这种具有市场震慑性质的合作，对马化腾的压力是不言而喻的，如果中国有几十家 IM 厂商实现了互联互通的话，那么站在圈外的腾讯将被看成是阻碍中国亿万网民实现互联互通梦想的唯一屏障，那时候马化腾的日子必定会很不好过。

然而，微软和雅虎的合作并没有就此结束，2006 年 7 月 13 日，微软和雅虎再次发表声明：他们将利用几个月的时间完成全球多个市场即时通信工具之间的公测，而且这一次测试将拓展到视频、声音以及无线等多个领域，这也意味着雅虎和微软将共同打造超过 3.5 亿用户数量的全球最大的个人用户即时通信社区。

可以说，雅虎和微软的合作在国外针对的是美国在线，而在国内针对的自然是腾讯。因为 MSN 和雅虎通在中国的目标用户都是白领商务人群，而在商务领域，IM 软件很容易创造更高的商业价值，用户能够通过 MSN 和雅虎通的好友进行即时通信，也会吸收更多的用户群体。

不过，微软和雅虎通的合作，并没有马上动摇腾讯在国内 IM 市场的主导地位，这是因为雅虎通在中国的市场占有率确实不高，所以尽管它和 MSN 合作了，但是双方的用户总量还是没有达到一个足以威胁到小企鹅的数目。当然，这并不是说马化腾就可以高枕无忧了，如果微软和雅虎通将这块蛋糕做得更大一些的话，主打娱乐功能的 QQ 将很可能被主打商务的 MSN 超越。毕竟在商务用户这个群体中，IM 软件发挥作用的空间是很大的。

但是从另一个角度来看，马化腾拒绝加入互联互通这个体系也是事出有因，毕竟腾讯经过这几年的发展吸纳的用户资源是非常宝贵的，如果轻易地和其他 IM 厂商合作，就等于将自己辛辛苦苦积攒的企业口碑和别人共享了，这对于艰辛创业的腾讯人来说是难以接受的事实。而且，互联互通会扰乱马化腾推广 TM 的计划，也会让植根于 QQ 的网络游戏和网络拍卖等新业务遭受到重创。为此，马化腾说："我们支持合理的互联互通，但让 QQ 无条件地开放，这就让所有的即时通信软件可以利用 QQ 的用户去盈利，没有这种道理。"

拒绝归拒绝，既然微软放出了大招，马化腾就得接招才行。2005 年 10 月 27 日，在腾讯成立七周年之际，马化腾一改平日的低调作风，在北京高调地发布了腾讯最新的产品——QQ 2005 正式版。

这是腾讯成立以来，第一次专门为 IM 软件组织举办的新品发布会。在发布会上，马化腾说了一句话："目前我国即时通信产业已经进入标准时代。"

这句话很值得玩味，标准，什么才是标准的呢？

一般来说，所谓的"标准"通常有两种含义，一个是来自权威机构或者权威人士的硬性规定，另一个就是约定俗成的规定。不过从马化腾的这句话来看，他所说的标准应当是第二种意思。那么，弦外之音就很容易分辨了：马化腾希望让 QQ 成为中国 IM 软件市场的标准。

马化腾表示，国内的即时通信应用现在已经领先于全世界，所以它的下一个发展阶段也将进入由中国领导的即时通信全面社会化的阶段。为了加强说服力，马化腾还引用了一些专家的观点："多年来即时通信产业的发展一直缺乏行业的通用标准，在腾讯的推动下，我国的即时通信产业不久将进入自主定义产业标准和自主实现技术、产品创新的时代。"

归根到底就是一句话：谁能掌控IM软件的标准，谁就赢得了这个市场的未来。

从有关标准定义的讨论可以看出，马化腾觉得微软和雅虎的互联互通就是对IM软件的一种试探，不过他可能觉得这毕竟是"试探"而不是"规定"，为此他说："标准要靠产品说话，产品受到用户的认可并且能够引领整个产业的趋势，它客观上就已经成为标准。所以从这一点来看，腾讯要在所有竞争对手的前面首先修炼好内功，用我们的产品说话。"

一个"标准要靠产品说话"，再次证明了马化腾决心游离在互联互通体系之外的决心，至此，小企鹅在IM市场中已经成为单枪匹马和竞争对手一争高下的孤独勇者，然而马化腾并不畏惧，因为他相信自己一定会继续刷新QQ的战绩。

挖得一手好墙脚

2005年12月31日，在2005年的最后一天，马化腾忽然做了一个"小动作"，更换了腾讯网的标志，以绿黄红三色轨迹线环绕的小企鹅标志代替了之前的QQ企鹅形象。有意思的是，这次网站换标竟然没有召开新闻发布会，也没有什么通知，这让一些用户感到很突然。

虽然只是一个标志的替换，但是对马化腾来说，这是一个全新的开始，他为了这一天的到来准备了一年多的时间。因为就在腾讯成立七周年之际，马化腾将公司的组织架构进行了重新的调整。

新年换标志，其实表达了马化腾的一个心愿：他希望用户能够一改过去“腾讯网 = QQ”的观念，让大家将他的门户网站和即时通信软件分开来看。虽然在 2005 年一年间，马化腾提出的“在线生活”并没有呈现出一条清晰的路线，但是腾讯杀进门户网站所付出的努力却是有目共睹的，这告诉大家，腾讯不仅仅是 IM 软件，电子商务、电子邮件以及搜索引擎等业务已经全盘上线。正是这样的一个商业扩张政策，让人们觉得马化腾的模仿功力十分了得。

此时的马化腾已经不再是初创小企鹅时候的那个文弱书生了，他已经将视线投放到整个互联网市场中，他不仅要在即时通信市场成为霸主，更要在其他业务领域争当行业的领头羊。马化腾的构想是建造一个“大而全”的网络帝国，并将这个模式称为“在线生活”，让广大用户能够通过腾讯解决上网的全部需求，真正实现一种一站式的服务享受。为此，马化腾说：“门户与即时通信彼此依托，完全可以颠覆传统门户网站的传播方式。”这显然体现了马化腾一直在倡导的网上生活理念。

事实也正是如此，微软也好，谷歌也好，中国的其他互联网企业也好，他们都在朝着一个方向前进，朝着互联网相关多元化的方向不断演进。只不过有所区别的是，每个企业的切入点不一样，比如新浪和搜狐是从新闻媒体进行切入，然后再向其他领域拓展，而网易是以电子邮箱切入，然后再进军媒体和网友等多元化领域。那么马化腾的腾讯则是从 IM 软件起家，然后朝着门户网站、互动娱乐等方向发展。最终，大家可能经营着“你有我也有”的共同业务。

从目前互联网行业的发展来看，未来互联网会朝着两个方向发展：一个是超媒体类的能够整合各种服务的“大而全”，另一个就是专业性、针对性极强的“小而精”。马化腾经过分析比对之后，坚定地带着腾讯朝着第一个目标走去，因为他担心一旦“小而精”做不好，很可能会输掉整个世界。

从这个角度来看，腾讯的竞争对手不是只有微软的 MSN，而是所有和他们业务存在重叠关系的互联网企业，但是这并不意味着彼此之间一定是对立关系，而是要看双方能否寻找到一个利益交叉点，或者要看彼此之间的合作诚意究竟怎样。

马化腾说：“让用户在任何时间、任何地点，在任何终端、任何接入方式，都能满足他们的需求，用户需要什么，腾讯就提供给他们什么，或者自己创新，或者迅速复制已有。”

显然，马化腾为了扩张企鹅帝国的版图，做好了一切准备，甚至不惜背负“抄袭”的骂名而从同行那里学习最先进的经验和技术。不过，其他互联网公司也有同样的想法，因为他们也看清了行业发展的趋势，只不过马化腾实践得更早或者说做得更直接、更引人注目而已。

在马化腾构建“大而全”网络世界的道路上，MSN 犹如突然竖起的一道墙壁，挡在了马化腾的面前，他无法绕过这堵墙，只能想尽一切办法将这堵墙拆掉，才能继续践行着他的计划。

2005 年 12 月 22 日，新浪科技发布了一条引爆眼球的新闻

“腾讯挖 MSN 高级项目经理熊明华担任联席 CTO”。消息一出，立即引起了行业内人士的关注，不过有些人却认为这是腾讯的炒作，无须放在心上。

无论是否为炒作，这条消息透露了一个至关重要的信息：马化腾坚定了和 MSN 对抗到底的信心。至于熊明华是不是真的被挖来了，这个也无关紧要，本来 IT 行业人才的流动性就很高。

熊明华在 1996 年加入微软，一度出任程序经理，参与过 windows 2000、windows ME、MSN 等很多项目的研发，而且他还有在 IBM 和 KT International 等大公司任职的经历。在美国工作期间，熊明华依然和中国的软件界保持密切的联系，经常会通过演讲和咨询活动向国内的同仁传递世界最先进的软件管理思想。可以说，熊明华的“这种信息中转站”的作用，对中国软件公司提高技术水平有着很大的帮助。

就腾讯在国内的发展前景来看，熊明华选择牵手小企鹅也是一种明智之举。从另一个方面来看，腾讯在目前的发展过程中，技术研发团队越来越强大，所以需要对研发流程进行科学合理的管理，这也是马化腾不断吸收相关先进人才的根本原因。据说，微软的开发人员中项目经理就占了 20%，可见项目经理的重要性。以熊明华项目经理的工作经验，相信定会帮助腾讯提升企业的流程管理水平。

熊明华的到来使腾讯的高层结构发生了变化，从此腾讯有了两个 CTO，而原来的 CTO 张志东将和熊明华共同担任腾讯的联席 CTO。

对于马化腾引进熊明华，有人认为这是在微软和腾讯敏感时期的一种冒险行为，为什么说冒险呢？让我们先看看之前发生的

“李开复事件”。

李开复是一位信息产业的经理人、创业者和电脑科学的研究者，他曾经就读于卡内基梅隆大学，获得了计算机学博士学位，后来担任副教授，在苹果、SGI、微软等多家著名的IT公司出任要职，是一个不可多得的人才，也成为了一些企业争夺的对象之一。2005年7月，谷歌宣布在当年第三季度在中国设立一个产品研发中心，任命原微软互动服务部的全球副总裁李开复为中心负责人和谷歌中国区的总裁。

不知道是操作上的失误还是沟通中发生了问题，在李开复跳槽到谷歌这个消息发布的前一天，李开复居然还在微软上班，根本没有做好离职的准备。微软得知这个情况后勃然大怒，马上向美国华盛顿州地方法院提起诉讼，指控谷歌和李开复违反了竞业禁止协议，要求得到经济上的赔偿，同时还请求法院支持微软和李开复签署竞业禁止协议和其他相关合同，防止李开复将微软的商业机密泄露给谷歌。

正是因为这个事件的影响，微软对员工跳槽有很多条款限制。谁知马化腾却对微软的“伤心往事”丝毫不介意，大着胆子从对方手中挖人，这实在是下了一招险棋。好在，马化腾这次准备充分，没有让微软找到起诉他的理由。

在即时通信市场上，不管是中国国内的网易泡泡、新浪UC、lava-lava，还是国外的MSN、雅虎通，包括后来雅虎通与MSN的互联互通，实质上都没有成功撼动腾讯QQ在中国即时通信市场上的霸主地位。尽管这些力量也十分强大，但是QQ似乎已经与中国的广大网民“黏”在了一起，拉也拉不开、砍也砍不断，QQ与用户成了一个不可分割的整体，真正与用户打成了一片。

MSN 拜拜

2014 年 8 月 28 日，中国的 MSN 用户收到了一封来自微软 Skype 官方发来的电子邮件："中国区 Messenger 服务将于 10 月 31 日关闭。但不用担心，您的联系人不会丢失。系统内所有在线通信服务会整体迁入 Skype。"

寥寥几十个字，宣告了微软曾经寄予厚望的 MSN 正式退出中国市场。从 2005 年 4 月正式进入中国到 2014 年决定退出，在前后九年多的时间里，MSN 最终还是没有拼得过马化腾的 QQ。

其实，早在 2010 年的时候，MSN 在中国市场的占有率就从 2006 年的 10.58% 下滑到了 6% 左右，微软大中华区的收入还不到其全球收入的 2%。2013 年 3 月 15 日，微软宣布正式关闭全球范围内的即时通信服务 MSN，仅保留中国地区的服务。

对于一些 MSN 的铁杆用户来说，MSN 的离去代表着一个时代的终结，很多人表示黯然神伤，毕竟 MSN 对很多用户来说，是一个足够"高大上"的 IM 软件。曾经有不少人还将 MSN 当做学英语的利器，在上面广交外国朋友，提高英语水平。不过让这些用户有些尴尬的是，身边的很多朋友并没有 MSN 账号，所以一个人的"独角戏"实在不好唱，最终就放弃使用了。其实，这个情况也恰恰反映了 IM 软件的一大特性：当朋友都不在这个软件中时，用户再喜欢它也无济于事，因为它是一个互动式的交流工具，而非一个单机的游戏。

当初 MSN 进入中国的时候，很快吸收了数亿的用户，成为了和 QQ 并驾齐驱的即时通信软件。然而经过了互联网发展最为风云莫测的十年，微软却始终奉行着软件行业“大公司赢家通吃”的规则，没有从根本上对 MSN 进行合理的本土化和创新化，最终被中国互联网行业的“小公司单点突破”的规律彻底击败。

总结来看，三个原因注定了 MSN 的失败。

第一，MSN 缺乏对新兴用户群的关注。

在微软看来，MSN 是一个边缘化的非主流产品，这让整个 MSN 的设计开发团队在微软内部很难获得最优质的资源，受重视程度也很小，因此白白浪费了互联网发展的“黄金十年”。由于 MSN 缺乏本土化的意识，导致其中文版只是一个英文母版的翻译版本，在软件的很多应用方面都不能适应中国网民的要求，很难满足其在线沟通和社交需求。特别是当 MSN 的最初使用人群逐渐变老之后，新兴的 80 后、85 后、90 后却没有关注 MSN，MSN 缺乏对这些新兴互联网人群的关注和推广，长期处于“有减无增”的状态，最终的落败只是时间问题。

第二，MSN 在商业模式上的失策。

MSN 在进入中国之后，一度尝试开频道、上标签投放广告的方式来构建盈利渠道，然而效果却差强人意，既没有满足广告商的需求，也没有满足用户的需求，最终闹了个“里外不是人”。相比之下，QQ 的等级制度、Q 币积分、QQ 空间等商业策略，非常能够迎合年轻用户群体的需求，因此用户群体一扩再扩。

第三，产品性能不强。

MSN 虽然和 QQ 在大体功能上没有什么区别，但是它对社交网络和移动互联网等行业趋势，一直处于比较麻木的反馈状态，而且其单一的聊天功能也越来越让用户感到乏味，这样就造成了活跃用户越来越少，MSN 所能拉到的广告也一降再降，导致促进产品研发的资金长期缺乏，形成恶性循环，最终难以为继。而且当 IM 软件同行在推出离线文件、视频聊天的时候，它依然在原地踏步，一度无视互传文件和语音等功能。

更糟糕的是，在软件捆绑方面，MSN 比 QQ 有过之而无不及，从 2006 年以后，MSN 开始在安装程序中添加了微软的邮件、网盘、博客撰写等工具，打包形成了一个名叫“windows live”的软件包，让用户一不小心就安装了好几款自己原本不需要的软件，这让用户十分讨厌，加上经常掉线、安装失败等意外状况让 MSN 的产品形象一跌再跌，而 2007 年的蠕虫病毒“MSN 照片”事件，再度让其成为了用户唾弃的对象。

MSN 的失败，给人们带来怎样的启示呢？

第一，创新才是生存的王道。

在互联网产品更新加快的年代，一款软件只有不断创新才能符合用户的需求，也只有注入了“短、频、快”的模仿思维，才能让产品具有强大的竞争力。相比之下，MSN 的替代品 Skype 能够长期在全球 IM 软件市场位居第一，它的成功之道就在于通过电脑向座机和手机拨打电话，又减少了捆绑软件、捆绑广告等令用户反感的行为。

第二，明确商业策略才是出路。

对于 IM 软件来说，市场占有率是决定胜败的一个关键性因素，而采取何种商业模式是生存的基本命脉。MSN 在中国市场的占有率一直都无法超过 QQ，因为微软从来没有把一个免费的缺乏盈利模式的产品放在心上。

尽管 MSN 曾经将目标用户锁定在商务人群上，但是由于它没有真正认清互联网市场“不进则退”“不增则减”“只有第一没有第二”等丛林法则，在将近十年的时间里一点点被腾讯的QQ所蚕食。尤其是在进入移动互联网时代之后，IM软件和无线客户端的集成趋势更是让MSN的生存空间越来越小。于是，一个曾经誓要将QQ打倒的竞争者就这样成为了明日黄花。

8

圈地运动开始

不被看好，那是还没长好看

门户网站，历来是不少互联网创业者最为青睐的领域，很多人在互联网刚刚兴起的时代，就将“做门户”当成了最大的目标，因为门户包罗万象，对用户的吸引度很高。经过一段时间的跑马圈地，中国的门户网站逐渐由凌乱向统一发展，其中最为坚挺的就是新浪、搜狐和网易三大站。

这种三足鼎立的局面，似乎是在对圈外的人说：已经满员了，谁也不要再上来了。应该说，大部分人的确是知难而退，不敢和这些巨头们一争高下。但是对于马化腾而言，门户网站他必须要做，而且还要从三大门户中抢到属于自己的市场份额。

马化腾为什么会对做门户网站“执迷不悟”呢？这其中当然有他的道理，从某种意义上说，门户网站是当今互联网市场上唯一能够提供多样化盈利手段的平台，在这个平台上可以集成网络游戏、新闻定制和广告等很多内容，而这些内容都将为网站提供稳定且丰厚的利润来源。于是，拥有数亿用户的马化腾自然不会放弃这样一个创收的途径，否则手中的庞大用户基础不是白白浪费了吗？于是，马化腾制订了一个以 QQ 为中心的十年计划，目标就是打造一个容纳门户、休闲友谊、大型网络、电子商务以及其他增值服务的内容丰富的大门户。

在门户网站的依托下，QQ 也不再是一个单纯的聊天工具，而是一个网络帝国的平台，根据这个平台，马化腾能够从中挖掘出更多的有价值的资源，填补企鹅帝国发展道路上所需要的一切资源，从而让腾讯在商务、购物、游戏等多个领域为用户提供综合性的增值服务。

在马化腾的构想下，门户网站将让腾讯实现纵横交错的业务结构，而这个“纵”就是门户。门户网站将最大限度地聚合 QQ 的向心力，打造出一个更为庞大的资源整合平台，从而使 QQ 的延伸服务得到充分的释放。

马化腾的这个战略部署非常符合互联网的发展趋势。随着互联网娱乐需求多元化，广大用户已经不满足于仅仅体验 QQ 上的产品服务了，他们渴望更多的娱乐形式和娱乐平台的出现，因此马化腾必须将用户的需求进行纵向挖掘，而腾讯网就是一个可以满足全体 QQ 用户对网络娱乐生活体验和新闻资讯的平台。

2003 年 11 月 20 日，马化腾正式向用户推出了“腾讯网”，它以一个娱乐型网站的姿态展示在社会大众面前，分为新闻、时尚、娱乐、游戏、体育、聊天等多个板块。11 月 21 日，腾讯对外公布，腾讯网已经介入了纳斯达克上市公司占统治地位的持续增长的网络门户市场。

其实，马化腾进军的门户网站和那些传统的门户相比存在着些许差别，因为它的定位是娱乐，所以就免不了一些互动和交流，这和主流搜索门户的主动获取和被动接受明显不同。尽管如此，一些人还是觉得腾讯在抄袭，网上也铺天盖地地出现了不少分析型的文章，纷纷指出“成功的模式不能被复制”，基本上都是在给腾讯泼冷水。

在一个泛门户的时代，互联网存在着十分残酷的丛林法则：只有第一没有第二。在门户领域，不可能存在百花齐放的和谐景象，有人站稳了脚跟，就注定另外有人要快快离去。而在“能者通吃”和“马太效应”的影响之下，门户网站市场的竞争更是异常激烈。或许正是因为这样的原因，腾讯网推出之后才会招来一片质疑之声。

就拿新浪、搜狐和网易来说，它们多年的发展已经形成了各自擅长的独特竞争力：新浪的新闻和评论、搜狐的城市生活和网易的虚拟社区，让三巨头具备了在某个方面的口碑和影响力。在这种“八仙过海各显神通”的模式下，门户网站之间难以互相代替，而是在吸纳着各自不同的用户群而已，所以大家将在一个比较长的时期内同时存在，互不相扰。

虽然是互不相扰，但是想要跻身前列，对马化腾来说有一定的困难。当时，有业内专家指出：腾讯的门户之路必将曲折而漫长。对此，专家给出的理由是：新浪、搜狐和网易常年位居前三，从他们的发展道路可以发现，先行优势和在位优势非常重要，先行者们可以在成功卡位之后阻挡后来者居上，而后来者又找不出更好的办法，所以难以从先行者手中抢到资源。除此之外，像新浪、搜狐和网易这样的巨头，在上市融资之后又获得了资金上的补充，想要撼动他们的既定地位确实很难。

其实，这些专家们提出的看法，马化腾也是心知肚明，但他必须将这条路走到底，因为腾讯不能没有自己的门户网站，否则马化腾的开放性网络世界将成为一个笑话。为此，马化腾还表现出了很强的自信心，他说："依托 QQ 庞大用户群基础，腾讯有信心在 3 年内把 qq. com 做到前三名"。

虽然不少人对马化腾的这句话表示怀疑，也有人认为这只是一种口号式的豪言壮语，但细细回顾中国互联网的发展历程不难发现，网络的更新换代不仅是由单纯的技术因素来决定的，其中还掺杂了其他客观条件的制约。所以，马化腾的这个心愿并非是纸上空谈，随着时间的推移，腾讯对三巨头的挑战也会越来越有威胁性。

桌面门户的精灵

腾讯网上线了，这个新生的门户网站究竟能走多远呢？马化腾将腾讯网定位成一个娱乐型的青年门户网站，旨在打造中国时尚娱乐的第一门户。同时，马化腾还要追赶无线客户端的发展潮流，让腾讯网的产品功能延伸到无线服务领域，从而对网站上的网络电影进行推广，发挥其在新闻广播、音乐点播以及电子商务等方面的应用，最大限度地满足用户的现实需求。

显然，马化腾是想通过腾讯网从侧面作用于整个互联网的神经脉络，实现门户意义上的增值。这样规划的目的，也是为了和新浪、搜狐和网易这三个巨头做一个定位上的区分，避免和它们展开面对面的竞争。

腾讯网的优势在于，它拥有着庞大的 QQ 用户群的支持，而且主要的用户构成是一些年轻人，所以马化腾才将腾讯网定位为年轻人的网站。

一直以来，马化腾的商业策略是“学习 + 差异化”，他的确是从不少同行或者前辈那里模仿了一些东西，但是每一次模仿之后，马化腾都能有所差异，这其中包括脱胎于 OICQ 的 QQ，包括后来的 QQ 影音、QQ 秀等等。也正是这种差异化让马化腾居然没有走到创新的前列，却始终站到成绩的顶端，这是让很多同行不得不钦佩的地方。

为了给网站增添人气，马化腾推出了一系列的活动进行造势，比如“牵手 QQ 演绎生活童话——2003 QQ 之星”全国征选活动，随后，马化腾又和摩托罗拉等合作方开展了一个名叫“梦幻明星直通车”的活动，让为数不少的 QQ 用户热情澎湃起来。他们蜂拥到腾讯网站报名，大笔大笔的银子流进了小企鹅的账户之中。

据说，因为腾讯网一下子太火爆，庞大的信息量让服务器过载，马化腾立即添置了几十台服务器，这才缓解了危机。由此可见，在他的筹划之下，腾讯网的发展速度已经走上了一条快车道。

随着推广活动如火如荼地开展，马化腾又推出了一个新产品——腾讯迷你首页。这个小东西的出现，让不少用户眼前一亮：原来门户网站还可以这么玩！

所谓的腾讯迷你首页，是一个将海量信息经过筛选和整理之后的一个“新闻荟萃”，用户可以通过一个小窗口来自由选择他们关注的热点新闻，点击之后将转到腾讯网上。当然，这个迷你首页是和QQ关联在一起的，每当用户登录QQ之后，迷你首页就会随之出现，让用户在第一时间看到。

除此之外，马化腾还设计出了新闻弹窗，及时播报那些刚刚发生的新闻趣事，让用户随时随地掌握最新资讯。与此同时，马化腾又在腾讯网上推出了“全球连线”服务，一旦有重大事件发生，一个很特别的QQ号码就会出现在腾讯网的专题上，用户可以通过QQ号跟这个号码进行连线，时刻关注事件的最新进展情况。

这些创新策略让不少人对门户网站刮目相看，或者准确地说，马化腾为腾讯网找到了一片“蓝海市场”，既避免了和三大巨头的硬碰硬，也通过一系列的创意吸引了大批用户光顾，可谓一举两得。在马化腾走了这样一条路线之后，国内其他的门户网站将难以复制这种成功，因为他们不是马化腾，因为他们没有数亿的用户群。

面对腾讯网这个后起之秀，门户三巨头也做出了反应，他们纷纷推出了自己的客户端软件，打算和马化腾一争高下，然而这些策略对小企鹅来说，实在是构不成什么威胁，因为此时QQ的注册用户已近6个亿！如此庞大的用户群，根本不是一两个客户端能对付得了的。

自从腾讯网上线之后，先后发布了8个内容频道，随之而来的就是一些新业务的诞生，如QQ邮箱、网络电台等，无论是小游戏平台还是个人相册，再或者是搜索引擎等，都被马化腾纳入到了“开放性网络世界”这个体系中。这种兄弟产品的诞生和发展，也在帮助腾讯网日趋完善。

就在马化腾费尽心机地在门户网站市场中准备占有一席之地的时候，这块战场上也有其他人怀揣着梦想在拼命地战斗，比如王雷雷、周鸿祎和杨元庆等人。尽管竞争激烈，但是马化腾无所畏惧，他决定按照勇者先行的惯例：在做好门户之后大量招纳人才，充实他的战斗团队。有意思的是，在马化腾吸纳的这些新人当中，有不少是丁磊和王雷雷用过的人。当然，和过去的老公司相比，这些跳槽到腾讯的精英们似乎找到了更能发挥自身聪明才智的地方，同时也要承受着门户三巨头的挤压，可谓挑战和机遇并存。

所幸的是，不管腾讯网的前景如何，马化腾始终都充满信心，他一直朝着“门户前三”的方向努力着。

从2003年底上线，马化腾只用了短短三个月的时间，就让腾讯网位列中文门户排行十强。2006年3月，腾讯网的覆盖量仅次于新浪而位居门户第二，其访问量也是紧随新浪和搜狐之后位列第三。到了2006年的4月，著名的Alexa排名给出了一个令人震惊的结果：腾讯已经超越了以新浪和搜狐为代表的传统门户网站。到了2006年6月，腾讯网连续一个季度在流量方面稳居门户网站的三甲，而且连续五周超过门户老大新浪，成为了仅次于百度的第二个中文网站。而且，当年腾讯网每天的访问量是4亿人次，成为门户网站中一颗闪耀的新星。

看来，马化腾的“门户前三”并非是一纸空谈，而是一步步地由梦想变成了现实。

尽管在排名上占据了优势地位，但是对马化腾来说，想要从整体实力上压倒门户三巨头还需要时间，毕竟它们在中国大多数的网民心中已经具备了难以撼动的地位，很多人刚开始接触互联网的时候就是登录这些网站，这种“怀旧心理”和“先行效应”不是仅凭主观努力就能超越的。

正是因为对前景的不确定，马化腾在谈到“门户前三”的时候是这样说的：“我们会进入门户前三，前三中有一家会是新浪，另一家我不知道是谁。”

在上海举办的“2005中国风尚大典”活动中，腾讯网代替了新浪和TOM成为大典唯一的合作伙伴。另外，从当年的Alexa报告中可以看出，腾讯网在世界上的排名是第八，这就意味着马化腾带领着他的门户网站进入到了新的发展阶段：桌面门户阶段。

所谓“桌面门户”，其实是腾讯网和门户三巨头最具差异性的地方：它能够通过QQ将新闻迷你首页弹入到用户的电脑桌面上，这种快速的传播方式是其他门户网站不具备的特点。

新浪和搜狐采用的是一种集权式的门户新闻传播模式，而腾讯和它们都不一样，是一种典型的Web新闻2.0传播模式。这种传播模式的特点是互动式、社区式、聚合式以及个性化媒体新闻传播，和网易比较相似。应该说，腾讯网显然引领了一场革命，这主要体现在以下几个方面。

首先，“社区用户和全面业务布局”的新形式。

以腾讯新闻迷你首页为例，它是一种传播方式上的大胆突破和尝试，通过增强门户网站的流量和收益，形成了一种“门户+IM+网络广告”的模式。随着腾讯迷你首页的爆红，很多互联网公司都将视线投放在这个领域之中，开始了寸土必争的抢夺大战，比如微软的IE、MSN和IG等，只是这些竞争者不具备强大的比拼优势，在和腾讯角逐的过程中败退而归。

其次，草根娱乐性。

报业已经从过去的机关报纸、休闲报纸发展到了都市类报纸的阶段，也就是从精英文化走向了草根文化，这是一种时代的变迁沿革，也代表了社会的发展趋向。因此，腾讯网将新闻视角由俯视变成了平视，对一些社会大众关注的民生问题进行了报道。从这个角度来看，腾讯网和新浪、搜狐走着不一样的路线，因为后二者明显是走的精英路线，跟腾讯的门户草根化相比不具备优势。

再次，阅读需求的变化。

在 Web 2.0 时代，社区用户的需求已经跟着新媒体一起发展了，借用马化腾的话就是“腾讯网是典型的以社区聚集用户，以内容满足用户，反过来以用户成就社区”。其实，马化腾所说的就是一种在线生活的 3C 模式：围绕着成形社区进行全面的业务布局，为社区用户提供一定的信息提供，从而起到沟通娱乐和商务的作用。

最后，发展的可塑性。

在 Web 2.0 时代，媒体的互动性让广大用户充满了参与感，也使产品更具吸引力。腾讯网不仅仅只是新闻，而是进行了创新，相继推出了 QQ 订阅新闻、QQ 新闻连线和新闻竞猜等内容，这些栏目帮助腾讯网在整合信息资源方面打造了一个有价值的平台，也让网民参与进来具备了可能性。

可以说，马化腾将腾讯网打造成了一个颠覆传统的新闻运作平台，集合了现代互联网文化中的许多时尚元素，促进了人们更广泛的交流和互动，将新闻报道推到一个新的高度，为他的“开放性网络”时代做好了一个完美的铺垫。

开辟第二战场

马化腾一边和传统的门户网站进行对垒，另一方面他也在积极寻找着新的“蓝海市场”，减小腾讯在面对门户巨头时的压力。找来找去，马化腾将目光投向了区域门户，

2006年3月，腾讯与《重庆商报》一起在重庆创办了大渝网，截止到2006年6月底，腾讯只用了3个月的时间就让大渝网达到了100多万的日访问量，单一IP访问量超过了25万，一跃成为重庆地方门户的头牌。

马化腾为什么将视线投放到区域门户这边呢？这是因为他看到了区域门户已经成为互联网发展的新方向。在中国广大网民不断增加的时代，网民们的各种网络需求也日益细化，所以每个地方都需要有区域性网络支撑。马化腾将大渝网当成了腾讯向门户网站进攻的第一个试验品。

当然，马化腾并非是第一个向区域网站“试水”的人，之前很多综合性门户网站也都推出过一些地区性的版本，然而由于种种原因都未能成功。他们没有取得成功的原因在于，这些综合性门户网站没有拿出足够的资金和经历，导致后劲不足，冲劲欠缺。另外还有一个客观因素：综合门户无法建立起有效的本地资源去运营一个区域门户。

现在，随着用户对区域信息的需求越来越大，不少区域门户也开始提升自身的商业价值。除了在信息定位方面和综合门户存在差别之外，区域门户也建立了属于自己的商业盈利模式，而不是像早期那样模仿综合门户。一般来说，综合门户是通过广告来营利，而

区域门户则通过本地化收费的方式构建营利渠道。

腾讯“在线生活”战略目标得到了更深层次的实践，因为“在线生活”的战略核心就是希望腾讯的产品和服务不受时间和地点的限制，无论在哪一个终端都能够满足用户日常生活中有关沟通、资讯和娱乐的初始需求。更重要的是，大渝网充分利用了腾讯的订阅技术，让它和QQ客户端保持密切的联系，能够有效促进其对重庆地区互联网用户的定向传播作用。让他们在接收国内外重要新闻的同时，还能够获得腾讯提供的本地化定制服务，比如QQ交友和QQ游戏等。

一方面，马化腾可以通过地方性媒体获取到更丰富的资源，因为区域门户一直被很多综合门户所忽视，是一块没有被真正开发的处女地，到处都充满了商机，而竞争程度也没有大门户那么激烈。马化腾通过跟地方合作，建立起二元互动门户和媒体结构，对门户三巨头的一元化战略形成了挑战，从而规避了同质化竞争带来的害处。而且，这种“短、频、快”的方式能够将信息资源迅速地传播给广大用户，满足网民们的需求。

另一方面，区域门户也需要腾讯这样的互联网巨头来扶持，二者之间的合作可谓是珠联璧合，能够以双赢的姿态在互联网的蓝海市场中发力。区域门户为腾讯提供最真实、最富有生活气息的信息资源，而腾讯可以为区域门户输送具有影响力的国内外大事记，特别是在区域门户的人气积累到一定程度之后，之前难以赚到的网络广告和无线增值等收益也会跳到碗里来。

尽管有人认为分类广告和精确投放的区域广告是区域门户最传统的收益渠道，然而现在广告之外的收入已经上升为区域门户的营收主力。由于区域门户依靠的本地资源基本上都是垄断性的，因此更易于创造出更多的收费服务业务。

如今，外来资本的不断注入，也给了区域门户快速成长的机会，综合门户也在逐渐探入这个蓝海市场中，加强对发展前景良好的区域门户的争夺和渗透。不过，马化腾已经先行一步开展了腾讯的圈地运动，在全国多个省份积极寻求合作网站。一旦马化腾在区域门户这个领域中占据了绝对优势，那么对新浪、搜狐和网易这样的传统门户巨头来说，他们苦心占据的综合门户和地方网络媒体的资源将被马化腾一刀一刀地重新切割，甚至可能会引发行业的多米诺骨牌效应。那时，马化腾将在区域门户这片新战场上笑傲群雄。

2014 年，腾讯的区域网站已经运营了 8 年的时间，经过“八年抗战”的艰苦努力，马化腾已经将他的区域门户扩招到了国内 12 个主要经济省份，构成了腾讯“综合门户 + 城市生活门户集群”的网媒矩阵。

现在马化腾的这条区域门户路线非常清晰：让区域门户成为腾讯网本地生活化资讯服务的垂直深入与延伸，以这种“一站式”的地方门户帮助本地用户解决一些最需要的生活服务资讯，从而让用户获得更加丰富、更加实用、更加富有针对性的资讯服务。

目前，腾讯的区域门户在全国区域门户的广告市场份额中排名第一，这为马化腾提供了丰富的盈利来源，通过深度触达经济和文化需求比较强烈的重点区域，马化腾在这片新的蓝海市场中赢得了战略主动权。

现在，腾讯的区域门户网站主要包括大渝网、大申网、大浙网、大苏网、大成网、大秦网、大楚网等，腾讯长期为当地总计超过 3. 6 亿互联网用户提供互联网资讯，此外，这些服务中也包含了腾讯的一些产品服务。在腾讯的各个地方网站中，不管是网民数、网民普及率还是网民增数，大浙网都是居于首位的。

腾讯对其区域门户用户进行了分析：其中企业基础管理人员和专业人士在所有细分中比例最高，并远远高于区域网民的平均水平；另外从年龄构成来看，60.8%的用户为25～40岁的社会中坚人群，也是要高出区域网民的平均水平；从收入构成来看，腾讯的区域门户用户月收入3000及3000以上的要占到58.4%左右，也是要高于区域网民的平均水平。

正是对区域门户和综合门户进行了相应的对比，马化腾才有的放矢地针对这些用户开展了适用性的策略，利用资源优势——如PC端的腾讯网首页以及Tips消息推送等，对用户进行合理的信息投放。这些资源所提供的信息，基本上完全覆盖了所有区域内用户的正常工作和生活，构成了一个“区域媒体互动、多平台整合传播”的新模式。

马化腾正是通过这种强大的媒体影响力和渗透力，使自己在区域门户网站这一片红海市场中最终笑到了最后。不过，对于腾讯的区域门户而言，本地化价值是其真正的优势，也是其未来常抓不懈的重点内容之一。现在，从那些最快最新的新闻报道上，已经充分体现出了腾讯区域门户的存在价值，而从本地化的集客电商方面来看，腾讯区域门户网站所展示的区域媒体的商务价值、区域生活服务价值等都受到了地方用户的欢迎。

◆蓝钻时代——鏖战江湖，快意恩仇

9

逐鹿电子商务

C2C，我来了

2003年5月10日，阿里巴巴集团旗下的子公司——淘宝网诞生了。与B2B的经营模式不同，淘宝网是一个横跨B2C和C2C的电子商务平台。淘宝诞生之后，人气不断积攒，渐渐赢得了不少会员的喜爱。据说有一名淘宝会员给朋友以及朋友的朋友们共发了1314封邮件推荐淘宝，意思是他会对淘宝“一生一世”忠诚。

如果说阿里巴巴是为全世界的商家特别是中小企业搭建了一个交易平台的话，那淘宝网就是为商家到个人、个人到个人搭建的一个平台。在这个平台当中，包括现今个人交易的所有模式：拍卖、一口价、讨价还价和张贴海报等。

至此，一个“全民皆商”的时代到来了，这个市场也成为了众多互联网公司虎视眈眈的一块肥肉。

2004年的6月12日，一个对中国互联网来说非常重要的时刻来临了，那就是著名的“西湖网商大会”。1000多名中国网商云集杭州——由中国电子商务协会和阿里巴巴公司主办的中国首届网商大会在西子湖畔召开。

这个重大的事件在中国互联网短暂的发展史上，恐怕是难以被抹去的。它不仅标志着互联网商业的逐渐成熟，也是中国传统企业凭借互联网和电子商务来展示自身的一次伟大突破。当时，雅虎的杨致远对于大会上网商云集的情况感到异常吃惊，他第一次听说了“网商”这个概念，而且根本没有没想到企业除了在互联网上做广告外，还可以在上面进行交易——这在美国是没有的，更不要说中国。

其实，不光是像杨致远这样的人物对“网商”产生了好奇，从2004年开始，就连国外的巨头也开始关注中国电子商务市场的良性发展。比如eBay、亚马逊这样的国际电子商务巨头以及老虎科技基金、IDG风险投资等机构，都对中国的电子商务网站表现出了极大的兴趣。

这一届的网商大会，沃尔玛、英格索兰、联想和三菱重工等国际大买家纷纷亮相，韩国的LG电子、三星，日本的伊藤忠商社、麦德龙、NEC，美国西尔斯百货、安捷伦科技、葛兰素史克等也都开始通过阿里巴巴进行其在中国的采购。

不过，这次网商大会绝不是单单是为这些商业巨头们展示风采的，真正的主角是那些名不见经传的中小企业。借用时任阿里巴巴副总裁金建杭的话来说就是“把商务还给商人”。在大会上，

30家成功企业的现身说法以及互动式的交流和探讨，大大帮助了中国1000多万个中小企业理解电子商务的作用。

显然，电子商务已经成为了当时互联网最火爆的业务之一，马云创建的阿里巴巴已经开始了“掘金之旅”，而以“大而全”为目标的马化腾，当然也不会放过这样一个千载难逢的机会，他要带着自己的小企鹅朝着这块新市场快速挺进。

最初的时候，马化腾并没想独树一帜，而是打算跟马云的淘宝合作，因为马化腾是一个做事力求稳妥的人，因此在很多领域腾讯的策略都不是先发制人，而是后发制人。结果是腾讯和淘宝的合作没有谈成，或许是因为马云的胃口比较大，也或许是马化腾没有真正放下姿态，所以两个人各自探索着自己的“弱项”——马云开始做即时通信，马化腾开始琢磨电子商务。

电子商务有很多门类，有B2B、B2C、C2C以及时下流行的O2O（ONLINE TO OFFINE）等，当时马化腾瞄准的目标是淘宝的C2C这种类型。C2C顾名思义，就是消费者对消费者的一种交易形式，不过马化腾却给了C2C一个全新的概念：沟通达成交易。

马化腾通过研究发现，很多中国用户更习惯商店和卖家进行面对面的沟通，所以在网络购物时，单纯靠简单的网页描述，很难将商品真正的特性展示出来，更难以让用户信任，于是马化腾决定从腾讯的强项入手——加强线上沟通！

马化腾说：“沟通是电子商务中很重要的一环，有沟通才有理解，有理解才能够相互信任。而对于C2C这样的服务型行业来说，良好的沟通就更加重要。而我们的即时通信工具QQ，恰到好处地弥补了C2C交易过程中沟通欠缺这一不足。”

就这样，马化腾将QQ和他的电子商务相结合，并为此申请了一项专利：买卖双方不仅能够依靠即时通信进行沟通，而且在对话框的右侧能够看到商品。

当然，马化腾所考虑的“加强沟通”，也并非是他的独创，很多电子商务网站都有自己的即时通信软件，只是和这些IM软件相比，QQ的优势更加明显。更重要的是，每一个买家不可能在购买商品的时候临时下载一个IM软件，这样耗费时间不说，也会影响到用户的购物体验，因此普及性极高的QQ恰恰具备了“随时可用”的优势。

也正是马化腾对C2C的沟通问题的敏锐判断，让他坚定了向电子商务领域开进的决心，那么下一步他要考虑的，就是怎样将买家聚集在一起的问题了。显然，这个问题很好解答：庞大的QQ注册用户群，就是一个最好的大市场。

在一个追求注册用户数量的时代，谁拥有的用户最多，谁就赢得了人气，而中国目前又是一个买方市场，商品不会短缺，“短缺”的只能是客户，所以马化腾认定一条真理：买家在哪里，卖家就在哪里。虽然从QQ整体的用户群来看，高收入的比例不是很大，但是这部分人群却是最有勇气尝试新鲜事物的，这就是腾讯具备的绝对优势。

尽管当时QQ的注册用户只有4亿多，活跃用户是1.7亿多，不过这并不妨碍C2C平台的上线，因为马化腾深知电子商务还处于起步阶段，人数少只是一个时间问题，不过也正是因为热度不够，进入这块战场胜算才更大一些。

买家不是问题，那么对卖家该推行什么样的政策呢？收费还是不收费？

自从马云打造了3年免费的淘宝开始，C2C已经成为了大家公认的“烧钱”行业，而目前很多国内企业的C2C都采用了免费注册用户的方式来进行推广，因此巨额的资金投入让很多企业难以进入。好在当时的腾讯并不缺钱，但是马化腾也表示，他不会像有些同行那样，把烧钱当成是制胜法宝，他要用人尽其才的办法让腾讯自身的核心优势转化成有力的竞争优势。

马化腾认为，如今互联网提倡的是草根化，需要让更多的人体验，要让电子商务融入到每个人的生活当中，这才是最根本的目的。

2005年9月12日，马化腾隆重推出了他的C2C平台——拍拍网。与之一起上线的是财付通，它的功能和淘宝的支付宝比较类似，是保证交易安全的。

和马云相比，靠着即时通信软件起家的马化腾，进入C2C多少都带着一定的风险，毕竟这时候的淘宝已经做得比较成熟了，而还有一个位居第二的易趣坐镇其中，因此拍拍网面临的压力也是相当大的。

当时，为了做好拍拍网，腾讯的不少员工都主动加班，甚至有人一个星期都没有回家。马化腾意识到了人手不足的问题，于是立即招兵买马，扩大拍拍网的运营团队和客服团队。

这一次拍拍网是试运营，目的是想测试一下用户对这个新生的C2C网站的体验感，如果各项指标都让用户满意了，那么拍拍网就会马上转入到正式运营的状态。为了增强用户的好感度，马化腾还在拍拍网上给全体网友发了一封信，内容生动亲切，一下子拉近了拍拍网和广大网友的关系。

自从2002年发生了注册收费风波之后，马化腾在对待用户体验这个问题上变得非常谨慎，生怕再次惹怒用户，由此在对待拍拍网运营的态度上，马化腾可以说是谨小慎微，竭尽全力让广大网友满意，他要投入大把的精力和众多竞争对手在C2C战场上一见高下！

拍拍正式上线

2006年3月13日，拍拍网进入正式运营阶段。凭借着1.7亿活跃用户的支持，拍拍网在正式发布之后马上拥有了900万的注册用户。拍拍网一上线就取得如此业绩，让马化腾更有理由相信自己可以和马云一决高下，因为有关调查显示，有94%的网民希望卖家能够和买家多聊一聊，而这个聊一聊恰恰就是腾讯的“传家宝”。为此，腾讯甚至还给小企鹅量身打造了边聊边买的功能，拍拍网让广大用户眼前一亮。

相关数据显示，中国当时的C2C市场头牌网站已经占有了超过70%的市场份额，似乎对后来者而言已经没有什么拓展的空间了。但是马化腾却不这样认为，他觉得这个行业还有很多没有被挖掘出来的用户价值。

此时的腾讯，在IT业已经成为了一个“企鹅凶猛”的象征，打倒了无数的竞争对手，也复制出了无数的成功，从在线游戏到搜索引擎，从下载工具到输入法，无一不显示出马化腾表面儒雅内里凌厉的进攻气势。在电子商务领域，腾讯也摆出了和马云一争高下的架势，毕竟马化腾有着几亿的QQ用户，想要从马云手中抢到一块蛋糕并不是一件难事。

拍拍网的台构架是很先进的，在拍拍网2.0的概念中，QQ客户端对拍拍网的整合程度几乎可以不受浏览器的束缚：把商品介绍整合到好友的头像信息中，如果买家感兴趣只要点击一下即可进入到好友的网店中，然后通过 QQ 与好友商议购买事宜，交易完成后，买家给卖家做出信用评定可以即时地反映到 QQ 的用户资料上，卖家还可以把买家列为 VIP 客户，在下次交易时为其提供打折优惠。

更让同行们感到紧张的是，拍拍网上线之后，不少来自易趣、淘宝的业务精英正在向拍拍“流动”，当时腾讯电子商务事业部拥有 80 多名员工，而且马化腾也表示这个队伍还将继续壮大。

面对腾讯的咄咄逼人，马云也感到了几分压力，虽然 C2C 市场早就变得火热，然而现在仍处于争夺地盘的阶段，也没有谁能从这块业务领域中谋求到大笔的利润，反而是一再地烧钱。因此，拍拍网的介入会让众多电商的生存状况变得更加糟糕。

2006 年 5 月 10 日，在跟易趣的对抗中占据优势的淘宝开始尝试向卖家收费，即推出了竞价排名服务——“招财进宝”。

所谓的“招财进宝”，是指符合淘宝的商品发布规范，并参与招财进宝服务的“宝贝”，能够在淘宝的显眼位置展示，和普通的宝贝用一条横线分割开来。在淘宝网承诺三年免费之后，这个有偿的增值服务自然被看成了“变相收费”，也成为了淘宝成立以来最大的一次改革。

马云没想到的是，这个“招财进宝”并没有给淘宝招到“宝”，反而惹了一堆麻烦。

这样的策略一出台，卖家们愤怒了。他们普遍认为，这种集成了百度竞价排名式的服务，会让那些普通卖家的商品被挤到几百个商品之后，导致成交率可能为零。

对于卖家这样的言论，时任淘宝总经理孙彤宇表示：淘宝所推出的招财进宝是一种全新的 C2C 模式，用户在适用一段时间后，一定会了解其中的好处。接着，他搬出了一大堆数据来证明招财进宝还是受人欢迎的。并说在招财进宝推出的20天里，已经有10万名卖家参与这个活动了。

这些冠冕堂皇的话对卖家来说毫无意义，那些没有参与竞价的卖家马上“爆料”：短短十几天，他们的生意一落千丈，不参与竞价，是很难做成生意的。一时间，众多卖家怨声载道，纷纷声讨淘宝的行为。有一些店主自编了各种各样的“反招财进宝主题歌”并将他们发布到网上，可见那时候的淘宝已经失去了民心。

截止2006年5月30日21时，网络上抗议“招财进宝”服务的签名店主已经达到了39326名，他们表示如果淘宝不做出回应的话，他们将在6月1日集体罢市，并将店铺里的一切商品下架，同时提走支付宝中的所有资金。

不光是卖家反对，买家对“招财进宝”也是深恶痛绝，因为大家都知道“羊毛出在羊身上”的道理，商品付费之后才得到推广，售价一定会高于普通商品。

马化腾遇到了一个绝好的机会，原本他的拍拍网在淘宝面前还没有太大竞争力，现在“招财进宝”事件闹起来，他终于可以挖一挖马云的墙墙脚了。马化腾看到，淘宝的招财进宝不仅伤害了卖家，买家也受到了不小的打击。马化腾决定乘此机会“横插一手”，将自己的拍拍网迅速“喂”大。

很快，拍拍网推出了一个名为“蚂蚁搬家”的活动，并打出了“大雨来袭，蚂蚁搬家”的广告词——淘宝当时的吉祥物就是蚂蚁（现在改成了“淘公仔”）。显然，腾讯是想以免费为诱饵，吸引淘宝的卖家加盟拍拍。最夸张的是，拍拍网竟然在其首页的显著位置设置了“淘宝店主搬家签到处”，打出“将免费进行到底”的旗号。为了扩大宣传，拍拍网的“蚂蚁搬家”行动几乎全部通过QQ平台进行推广，甚至承诺其他C2C平台搬迁过来的卖家直接将第三方平台的信用度导入拍拍网，并做出“搬家就送推荐位，开张就送大红包”的承诺，这明显是对淘宝的挑战。

对于广大卖家来说，拍拍网无疑是一个最好的选择，而且拍拍网推出了免费的“黄金推荐位”扶持卖家开店，这只能用“贴心”两个字来形容。在“蚂蚁搬家”推出之后，拍拍网的人气立刻大增，赢得了以中小卖家为主体的用户的强烈支持，不少卖家纷纷从淘宝转移到了拍拍网入驻开店。有卖家说：“在网上开店本来就是一种新的尝试，为了赢得更多顾客基本都是薄利多销，所以我们只有选择免费的平台开店，才会获得更多的利润。”

为了吸纳更多的卖家投入拍拍网的怀抱，马化腾还推出了对参与用户进行特别奖励的政策：由第三方交易网站的信用度转移到拍拍的卖家，只要使用财付通完成第一笔交易就能得到3元的购物券。另外，买家也能得到5元购物券的优惠，而且购物排名靠前的买家还可以得到最高价值为600元的“购物狂奖励”。

在中国的C2C市场中，免费几乎成为了一切互联网企业切入市场的首选武器。然而，C2C从业者不可能无限期地对用户免费，因为这关系到一个网站的生存和发展。所以，众多的电子商务网站都忙着在网上淘金，希望能够一夜暴富。然而在中国电子商务短短8年的历史中，相似的故事一再上演。当初易趣在尝试收费时遭遇扛着“免费”大旗的淘宝网，于是卖家们奔向淘宝，免费成为主流；当淘宝尝试用收费来规范市场秩序时，又杀出个拍拍网，这使淘宝的尝试性收费在诞生之时就伴随着曲折与坎坷。

拍拍网坚持免费的政策，也的确顺应了中国电子商务发展的潮流，这种低门槛的条件限制，带动了 C2C 的普及和发展，更给竞争对手以重创。

迫于广大用户的压力，淘宝不得不做出了回应。2006 年 5 月 26 日下午，淘宝网对招财进宝进行了修改，将推荐费的上限从 100 元降低到了 50 元。不过这个让步对用户来说只是五十步笑百步的区别，所以没有人把它当回事儿，该罢市的还在继续罢市，该搬家的依然在搬家。最后，马云不得不出面使出了公关策略。

5 月 29 日凌晨，马云以“风清扬”为 ID，在淘宝论坛上发表了署名文章，对近期的罢市事件进行了解释和澄清，文章长达 2000 多字，表示了他没有想到事情会闹得这么大，觉得自己在很多地方没有做好，向广大用户表示了深深的歉意。

马云是个聪明人，他知道用户一旦大批量地从淘宝转移出去，也就意味着自己之前的苦心经营全部化成了泡影。很快，淘宝在 5 月 31 日宣布，将从 6 月 1 日到 6 月 10 日进行投票表决，让网友决定是否将招财进宝活动继续下去。

6 月 1 日投票开始之后，不到半天的时间里就有 9 万人投标，其中选择“对招财进宝进行不断的完善，保留招财进宝”的人占 38%，选择“目前不完全适合淘宝，取消招财进宝”的人占 62%。最后在公证处的统一监督下，投票结果为 127872 票赞成取消，占到了总投票数的 61%。

6 月 10 日下午，淘宝宣布将在 2006 年 6 月 12 日 12 点停止招财进宝服务，在此之前卖家花费的服务费也将全部退款。

这场“变相收费”的轩然大波，在淘宝让步的情况下结束了。

至于在此期间究竟有多少商家从淘宝转移到了拍拍，目前没有确切的统计数据，然而淘宝在此次事件中受到重创是确凿无疑的，拍拍也通过这个千载难逢的机会树立了在网民心目中的地位。

应当说，淘宝在这次和拍拍的对垒中是处于被动和下风的。究其原因，是淘宝过于“盲目”和“自信”。原本“大快人心”的免费政策突然要收费，用户在心理上也会排斥，这是没有做好“市场调查”的结果。如果淘宝在推出“竞价排名”时事先对市场的发展动向和用户的心理有一个准确的判断，就不会出现这种情况。

企业在慢慢地发展壮大后，很容易会被表面的“繁荣”所欺骗，而做出一些不合时宜的事情来。这时，企业要做的就是冷静地思考、细致地调查、精确地判断，在没有得到市场反馈的时候，千万不可盲目地做出大调整。相比淘宝而言，拍拍网的策略可谓环环相扣，马化腾在其中表现出的谋略也是高人一等的。

所谓“乱世出英雄”，在混杂而无定数的互联网江湖上，就算不能成为盟主，至少成宗立派是十分必要的，马化腾就是要在这个时候树立起自己的风格。

二马相争，都有小伤

2006 年 6 月 6 日，拍拍网正式对外宣布，让用户免费使用 3 年。从这个商业策略来看，马化腾并不想超过马云的免费 3 年，因为他知道这 3 年对腾讯来说也是一笔不小的资金投入。由于免费对很多用户来说算不上新鲜的招数了，所以拍拍网又同步推出了其他优惠政策：在 6 月 6 日到 7 月 6 日期间，只要铺货达到 50 款以上的用户将得到拍拍网颁发的限量免费金牌标志，能够享受到更多的优惠服务，还可以得到免费的黄金推荐位。

推荐位对卖家来说至关重要，因为随着 C2C 的发展，越来越多的人在网上开店，想要让自己的产品聚敛人气、快速成交，占据一个好的橱窗位置至关重要。马化腾打出“免费”牌之后的“推荐位”牌，无疑让拍拍网吸引了更多的用户关注和更高的人气。

对于卖家而言，他们的商业模式原本就是薄利多销，因为在网络上购物的大多都是收入不多的年轻人，东西贵了，人家就去实体店买了。也正是这个原因，卖家都很看重 C2C 这个平台是否免费以及前途是否光明，另外也要观察这个平台是否能跟得上时代发展的步伐。所以当马化腾使出了“免费”和“推荐”这一对双锤之后，立即让拍拍成为了不少新卖家心目中的风水宝地。

根据易观国际在 2006 年发布的有关中国 C2C 市场的监测报告，2006 年第 2 季度中国 C2C 市场规模达到了 57.1 亿元，而且呈现出势头强劲的发展趋向。当时，排在前列的是淘宝、eBay 和拍拍，不过从市场占有率来看，淘宝更胜一筹。

2005 年 9 月 12 日到 2006 年 8 月，是拍拍迅速发展的一年，注册用户在一年的时间里就突破了 200 万人，在线商品突破了 450 万大关。拍拍凭借着强大的后台迅速挤进了电子商务这块战场中，成为 C2C 市场中不容小觑的角色。

面对拍拍的步步紧逼和其在招财进宝事件中的“落井下石”，马云自然是心中不快。偏偏这时，网上又开始传播一条“小道消息”：此前淘宝用户的抗议是由拍拍网一手策划的。

2006 年 5 月 30 日，北京千橡互联科技发展有限公司的网站上，突然冒出了一篇名为《原来骂淘宝的声音是腾讯这样策划出来的》的文章，没有署名也查不到作者。在这篇文章中，作者声称腾讯和一个名叫德盛嘉的公共关系公司签订了一个名为“腾讯网络论坛公关代理协议”的东西，委托这个公司对淘宝口诛笔伐。随后，在这个网站上又冒出一篇名为《调查：你相信马化腾雇佣“网络打手”攻击淘宝吗》的文章。

由于这两篇文章都被置顶在网站的显著位置，所以一经发布立即引起了网友的关注，不少人纷纷发表评论，引起了不小的轰动。自然，这种爆料式的新闻肯定引起了腾讯的不满，马化腾向千橡公司发出了律师函，要求对方立即删掉这两篇匿名文章。谁知对方在接到律师函之后，仅仅是取消了这两篇文章的置顶，并没有将其彻底删除。6月6日，该网站又冒出一篇名为《历数腾讯十宗罪，五马分尸马化腾》的文章。

在这篇文章中，到处充斥着人身攻击和谩骂，已经不是简单的新闻爆料了。马化腾看到以后火冒三丈，以“侵犯名誉权”为由将北京千橡公司告上了法庭，要求对方道歉并赔偿500万元。由此，拍拍和淘宝之间展开了一场恶斗。

6月21日，“二马”之争进入高潮阶段，马云发表了对腾讯的谴责：“我自己认为挖人很累，互联网同行竞争应该遵守一定的游戏规则，光靠挖人很难做到创新。而现在腾讯拍拍网最大的问题就是没有创新，所有的东西都是抄来的。”很快，马化腾也做出了回应：“一来这种人才流动很正常；二来，从淘宝网过来的人一共也才两三个，谈不上挖墙脚。”另外，马化腾对马云指出的“抄袭”也予以否定：“所有的电子商务都是这样做的，大家的模式都一样，谈不上谁抄袭谁。”

其实，在互联网上从来都不缺乏口水大战，旁观者见怪不怪，当事者也是被逼无奈。因此，马云和马化腾之间的这种对抗并不会影响电子商务这个行业的发展，相反会促进行业内的优胜劣汰。

两位大老板的剑拔弩张，让那一时期的气氛十分凝重。抛开两家企业的内部矛盾，从大方向上来看，淘宝属于“一般规则的缔造者”，而拍拍网属于“一般规则的遵循者”。如果淘宝将自己的“模式”申请专利的话，那么马化腾的行为是不可辩驳的“侵权”行为。然而在互联网飞速发展之下，模式必定是不受任何人、任何企业限制和束缚的，在这种特定的情况，只能用实力来说话。

二马之争还在继续。

2006 年 12 月，腾讯一纸诉状将淘宝告上了法庭。腾讯状告淘宝是因为腾讯发现淘宝网上有大量 QQ 号和 Q 币，且售价十分便宜。腾讯觉得，淘宝在不与自己合作或者商量的情况下在 C2C 平台上交易 QQ 号码和 Q 币，是对腾讯的极大不尊重。

腾讯在状告淘宝之前，已经多次提醒淘宝不能这么做了，可是淘宝依然故我，腾讯在忍无可忍之下才决定拿起法律的武器捍卫自己的权益。实际上，腾讯状告淘宝的导火线是一个在淘宝上开店的商家。

这个商家在淘宝上开店后，就弄了一些 Q 币和 QQ 号在自己的小店中兜售。腾讯发现后，与淘宝网方面交涉，希望淘宝网能够让那个商家停止这种做法，或者干脆把店关了。但是淘宝并没有理会腾讯的“告诫”。

腾讯见淘宝不听劝诫，索性将淘宝告上了法院，称淘宝侵犯了其财产权和著作权，希望淘宝能够将出售腾讯产品的页面永久删除。

淘宝方面很聪明，出手也很快，它在腾讯状告它之前，就已经把腾讯先告了，希望法院确认淘宝的做法是合法的。淘宝方面觉得，Q 币和 QQ 号的买卖出现在淘宝网上，这是商家自发形成的市场，价格都是他们自己定的，因此并不代表淘宝用了不正当的竞争手段来同腾讯抢生意。换句话说，淘宝只是给商家提供交易平台的，商家在上面卖什么东西和淘宝关系不大。

腾讯见淘宝方面根本不想和和气气地把事情解决，而且表现出了“无所谓式”的不负责任，紧接着腾讯表示，如果按照淘宝那样做，交易平台上将会呈现各种无序的情况。此外，万一一些不法分子趁此机会搞一些非法交易，比如盗取游戏账号、游戏道具，交易市场不就混乱了吗？腾讯认为淘宝的“放任自流”，是对腾讯利益的极大损害。

在腾讯与淘宝官司纠葛之时，深圳市警方成功打掉了一个盗取 QQ 号、Q 币和游戏账号的犯罪团伙，而且经过盘查，犯罪分子称他们正是通过淘宝网“销赃”，获利 70 多万元人民币。腾讯得知这样的消息不由得“暗笑”，因为事实胜于雄辩，这样的例子是对淘宝最好的“打击”。

不过腾讯似乎高兴得早了些，因为据一些律师称，针对“虚拟财产交易”方面，还没有具体的明文规定。也就是说，法律上并没有相关的法律法规，因此腾讯状告淘宝会陷入“无法可依”的境地。

最后，这场官司颇有些“不了了之”的味道。从某种意义上讲，淘宝算是将一所“房子”租出去了，难道因为这家住户房间收拾得不干净就将其驱逐出去吗？完全不可能。

再者，淘宝也不可能做到“过滤”。如果按照腾讯的说法，淘宝就应该设立一个“过滤机关”，对打算在淘宝上做生意的商家进行检查，看看他们的产品是不是能够达到要求。但如果这么做，一是淘宝所要付出的精力和相关费用太大，另外，这也不符合互联网方便、快速、多样等特点，淘宝是坚决不会做的。

在腾讯方面看来，个人交易平台越大，就越容易陷入一种“被动”。不可能所有人都会“遵纪守法”，遵循一定的游戏规则。这样一来，交易平台上就会充斥“各色人群”，他们会根据自己的私利有选择性地做生意，即什么赚钱就做什么，完全不顾及“主办方”的感受。换句话说，腾讯对此的看法多是从和自己一样的公司角度出发的，维护的是“大利益”。

斗法 SNS

在互联网行业，每一个领域的王者——如搜索、门户和网购等进入其他领域都已不再是困难之事，唯一的区别便是时间的长短。

当 2006 年“Web2.0 时代”的概念深入人心之后，更多互联网企业越发看重 SNS 了，它与网民间的互动性给世界带来了惊喜。美国知名的 SNS 社交网站 Facebook 的问世，让中国互联网企业看到了希望和方向。马云率领的淘宝早已看到了这块市场的潜力，并已在暗处积极开展各个方面的具体事宜了。

加入这一领域，收益的不仅仅是淘宝，阿里巴巴也会在“互动中”嗅出市场讯息，从而朝着更高的层级迈进。因此，淘宝积极吸纳各路 SNS 方面的人才，以备不时之需。曾一手打造百度贴吧的俞军加入淘宝，便是淘宝大举进入SNS领域的一个信号。

“淘江湖”是淘宝于2009年4月1日低调上线的一款用于淘宝用户人际交往的工具。2009年3月12日，淘宝在内部发布了一封招募邮件，大力招聘SNS产品研发和运营人员，并决定正式开发属于淘宝的SNS产品淘江湖。

曾任百度首席产品构架师的俞军，一度被称为百度产品的灵魂人物，他在互联网社区产品上经验十足。离开百度后，传闻说俞军将退隐山林，不再出现于互联网江湖。可是，当淘宝打造淘江湖产品之时，俞军却二度出山，全面负责淘宝淘江湖等系列社区产品的研发、运营。

不过，原本作为淘宝用户人际交往工具的淘江湖并不是纯粹的SNS产品。可淘宝为了“必要的多元化”，开始将用于人际交往的淘江湖变脸到购物层面了。如此一来，淘宝进入SNS领域不但顺理成章，而且更加方便。

如果马云能在电子商务和SNS社区之间搭建桥梁，那么阿里巴巴将一呼百应。这就是马云想要达到的效果，也是阿里巴巴奋斗的方向。不过，想让电子商务与SNS融会贯通并不容易，淘江湖在与电子商务深度融合上也一度处于尴尬之境，导致淘宝对淘江湖的投入和回报并不成正比例。恰在这时，淘宝请到了俞军，他的加入有望改变阿里巴巴打造的电子商务生态链仅仅停留在口号上的不明朗之状。

淘宝的一举一动牵动了整个中国SNS领域内淘金者的心，更是让马化腾不得不关注着这个强大的竞争对手。中国国内的SNS网站，就像当年互联网初到中国大地上一样，率先凭借一腔热血而成立的SNS网站基本上都为了生存而苟延残喘，当时的蚂蚁网和360圈网站因资金缺乏而倒闭，让人不免产生SNS网站也逃脱不了要经过“烧钱”阶段的想法，而人人网和开心网的整合，更昭示着SNS领域需要一个真正的领导者。

在权威的业内人士看来，当时有能力在中国创造“类Facebook”的公司只有两家，一个是阿里巴巴，一个是腾讯。这两家公司拥有众多的注册用户，所谓“冤家路窄”，马云和马化腾虽然没有不共戴天之仇，但小过节却总是不断。

马云能看中SNS，马化腾自然也把眼光放在了这上面。马云在互动社区产品上全力以赴的同时，马化腾也在其微博上表示，腾讯要开放平台。马化腾此举便“无意中”又把苗头指向了马云。马云对此作何感想呢？

也许口齿伶俐的马云已经不想逞一时的口舌之快了，做出令人竖起大拇指的成绩才是对对手的最好回应。淘宝直通车对QQ号码推广的“封杀”，似乎是马云凡事落到实处的最佳体现。

淘宝直通车是阿里巴巴集团旗下雅虎中国与淘宝进行资源整合后推出的一种全新的搜索竞价模式，它不同于早期的招财进宝。淘宝直通车产生的竞价结果在雅虎搜索引擎上显示的同时，淘宝上也会以全新的图片和文字形式的方式展示出来。此外，每件商品可以设置200个关键字，卖家可以针对每个竞价词自由定价，并能同步看到商品在雅虎和淘宝上的排名位置。至于付费，淘宝直通车较之招财进宝更加公平，卖家根据商品实际被点击的次数付费，每个关键词最低价为0.05元人民币，最高价为100元人民币，每次加价最低为0.01元人民币。

2010年9月1日，腾讯与淘宝之间的战火再度点燃。腾讯于2010年8月31日开始全面禁止使用淘宝直通车。针对腾讯的这一举措，淘宝方面马上做出对抗策略，宣布禁止使用腾讯 QQ 号码进行推广。淘宝此举，意在推广自己的即时通信软件淘宝旺旺，同时打压竞争对手。

在此之前，淘宝方面便发出公告，希望淘宝直通车用户审查其参加淘宝直通车的宝贝和推广信息，如果其宝贝含有推广腾讯 QQ 号码信息的，要及时做出下架处理。另外，淘宝方面规定，存在于淘宝上的“推广宝贝”，不得以任何形式推广腾讯 QQ 号码，也不能赠送腾讯 QQ 号码，更不能在描述中含有腾讯 QQ 号码的相关文字、图片和链接。如此看来，淘宝与腾讯之间的矛盾虽小，但在相当长的一段时间内却是不可调和的。

马云和马化腾所走的道路截然不同，却都缔造了辉煌，且那种辉煌都是令人仰慕的。马化腾在 C2C 市场的横插一脚，想必是马云终生难忘的。辩证地说，如果中国 C2C 市场上没有拍拍网，淘宝毋庸置疑会成为中国 C2C 市场“任意规则”的制定者。诚然，如今的淘宝依旧在中国 C2C 市场赫赫有名，但拍拍网扶摇直上的市场份额，显然时刻威胁着淘宝的霸主地位。马云处处与马化腾为难，看似“赌气”，实则在情理之中。

马化腾“拍”淘宝，不能说成功，也不能说失败，从他的角度看，腾讯的确占有了一定的优势，起码的一点是，易趣不再能与淘宝分庭抗礼了，当当宝也早已杳无音信，唯有拍拍网能够存活了下来，这已然是一种胜利。从马云的角度看，淘宝不称王便是失败，这是他早期“忽视”拍拍网后得到的一句“至理名言”。

仅占中国 C2C 市场不足 20% 份额的拍拍网，在马化腾的运作下，保持着螺旋上升的增长之势，这是否意味着马云的淘宝要以用户数下降的方式填补拍拍网的日进斗金呢？显然不是，双方都在以日新月异的方式来吸引原本不是其用户的网民加入它们的行列，进而刷新一个个增长曲线的纪录。纵观两者的发展，更加通晓国情的马云自然谨守住了“本土化”，这是他击败 eBay 的关键，也是抵挡住拍拍网攻势的秘诀。

对于马云这个强悍的对手，马化腾在你来我往的过招之中，一时间也找不到更好的办法，和阿里巴巴相比，腾讯的产品线实在太长，这让马化腾难以将主要精力用在电子商务这个领域中，或许正因为难以做到专注，才给拍拍网日后的命运埋下了伏笔。

无可奈何花落去

随着时间的推移，拍拍网和淘宝网的激烈竞争最终出现了“一边倒”的形势：淘宝逐渐占据上风，而拍拍开始走向颓势。或许因为腾讯的业务战线太长，或许是马云在电子商务领域的卓越才能，拍拍网在之后的竞争中，始终没有找到机会盖过淘宝的势头。

2005 年 10 月 19 日，马云再次宣布“淘宝网将继续免费三年”。据分析人士预估，淘宝每年需要烧掉至少 3 亿元。尽管免费是对市场的一种巨大投入，但对于淘宝的发展过程而言，免费为其后来居上发挥了至关重要的作用。到了 2007 年，淘宝网已经发展到了不再是一家简单的拍卖网站，而是全亚洲最大的网络零售商圈。

就在这一年，淘宝网全年的成交额突破了 400 亿——这些钱是由很多种零售业态一起创造出来的，而不单纯是 B2C 或者是 C2C。除此之外，淘宝也仿造了美国人处理自家旧货的那种方式——把旧货摆在门口，在路边插上牌子，吸引社区居民或者路过的人前来购买。在淘宝网上，也有相对应的“二手闲置”区。另外，淘宝上还有“全球购”，方便顾客在世界各地采购商品，这样便将整个世界连成了一体，让这项在线下不成规模的零售业态在网上焕发出勃勃生机。

淘宝在马云的指挥下，已经越来越明显地成为了中国电子商务界的一面旗帜。2007 年 11 月 6 日，阿里巴巴在香港上市。2014 年“双十一”，阿里巴巴全天交易额高达 571 亿元，由马云打造的阿里巴巴帝国的电子商务霸主地位，已经成为不争的事实。马云也以 1193 亿元的身价成为中国 IT 领域的首富。

和马云在电商领域的成功相比，马化腾最终未能在这个领域创造奇迹，拍拍网在人气上始终无法和淘宝相提并论，最终，马化腾将拍拍网推给了 B2C 领域做得相当出色的京东集团。

2014 年 3 月 10 日，京东集团和腾讯正式宣布建立战略合作伙伴关系，腾讯以 2.15 亿左右美元收购京东 3.5 亿多股的普通股股份，占据了京东上市前普通股的 15%。与此同时，京东收购腾讯 B2C 平台 QQ 网购以及 C2C 平台拍拍网的 100% 权益，此外还包含着物流人员和资产等，另外也有易迅网的少数股权和购买易迅网剩余股权的权利。腾讯总裁刘炽平也加入到京东集团的董事会。

京东和腾讯签署了战略合作协议，腾讯将向京东提供微信和手机 QQ 客户端的一级入置及其他主要平台的支持，帮助京东在实物电商领域开拓新的市场，另外，双方还在在线支付领域展开进一步的合作，从而提升用户的网购体验。

京东集团创始人、董事长兼 CEO 刘强东说：“通过此次与腾讯在移动端、流量、电商业务等方面的战略合作，我们将在互联网和移动端向更广泛的用户群体提供更高品质、更快乐的网购体验，同时迅速扩大我们自营和交易平台业务在移动互联网和互联网上的规模。在此，我代表京东集团欢迎腾讯电商业务的同事们加入京东大家庭。”

从这一天开始，拍拍网就由腾讯旗下转入到了京东旗下，“二马”在电商领域的角逐就此结束。虽然从表面上看，马化腾是败给了马云，不过由于腾讯还占有京东15%的股份，也就意味着两家展开了深度的合作，而这种强强联合带来的优势，无疑是十分强大的。

众所周知，京东的物流在B2C领域无人能及，“北上广深”这样的一线城市，用户上午下单下午就可以收到货，而其他二三线城市，今天下单明天就能收到货，这种闪电般的速度甚至超过了线下购物的速度，让网购的优势达到了最大化。

当然，京东选择和腾讯合作，也是寻找了极其优质的资源，那就是腾讯的巨额流量和移动互联。最近几年，移动端推出的活动接踵而至，极大地冲击了PC端的电商营销，在腾讯跟京东实现强强联合之后，双方将会构建一个“京东物流＋腾讯移动互联”的超级组合，京东也将充分利用腾讯的微信端用户，在收购拍拍之后，深入到C2C领域开疆扩土，和淘宝继续展开鏖战。

腾讯和京东的联手，对双方来说绝对是一次明智之举，回转得来的资金能够专注发展其擅长的即时通信领域，而京东的流量也从此有了保证。这种电商之间的并购行为，也将会逐步推进网购的便捷度。或许，马云在得知这个消息之后，也难免会心头一颤吧。

一度曾经给淘宝造成竞争压力的拍拍，一度被很多人看好的拍拍，最终在腾讯时代结束了它曾经怀揣的梦想。那么，拍拍为什么不能像腾讯旗下的门户网站那样给同行以重大的杀伤呢？原因必定不止一条，不过总结起来，最明显也最容易让人们理解的有三条。

第一，庞大的用户数和C2C火爆没有必然联系。

尽管马化腾十分看好小企鹅数亿的用户量，也将其当成是发展电子商务的核动力，然而仔细分析一下，这种优势其实很难作用在电商领域，因为在QQ上用户展示自己的形象给好友看，这是一种满足虚荣心和存在感的基本心理需要，因为这种熟悉的人际关系和利益无关，更不需要受到利益的维持，它是一种强关系，然而将这种关系移植到商业领域中，立即会变成一种弱关系。

拍拍的购物信息显示在面板上，其实不会有什么人感兴趣的，因为能够看到这些信息的人，要么是卖家的亲朋好友，要么是网络上的陌生人，那么结果都是一样的：熟人怕买了之后不满意从而影响到双方的关系，陌生人只是和你随便聊聊，也不会存在其他的想法。

相比之下，淘宝就不存在拍拍这种情况，它原本就是一个网络虚拟商圈，在明确的利益之下很容易做生意，不会存在买卖不成仁义也不在的情况。因此，QQ注册用户再多，跟拍拍网的发展也没有什么必然联系。

第二，QQ的社区优势难以转化成商圈优势。

作为一个IM软件，QQ无疑是成功的，它建立了一个庞大的社区系统，吸纳了几乎全中国的网民加入。不过，社区终归是社区，它满足的主要是人际交往的一种需求，没有人会在这样的一个地方产生购物的欲望。腾讯曾经一度推出一个战略计划叫做“大品牌，大回响”，目的是通过加强社区建设来提升企业的影响力，虽然马化腾做到这一点并不困难，然而由于拍拍和淘宝在商业模式上没什么区别，所以这种同质化竞争让腾讯的社区难以形成吸引力，最终的结果就是，卖的人越来越少，买的人也不再增多。

对于腾讯来说，通过社区去推动电子商务的发展，就如同在居民小区里开了一家成衣店，即便价格再便宜、质量再好，人们也不会产生在小区里购物的冲动，依然会选择商业区。

相比之下，淘宝的优势就很大了，由于马云的成功运营，淘宝聚集了越来越多的商家，也就吸引了越来越多的买家。在这个平台上，买家可以自由挑选，可以货比三家，因为卖家多了，必然要搞出一些优惠政策来吸引顾客，这种“集堆”式的商圈模式，如同线下的闹市区、商业区一样，常常是人头攒动、比肩而行。即使一些人没有购物的欲望，也会带着好奇心在里面逛一逛。

第三，对用户的需求关注不够。

QQ 满足了人们和熟人以及陌生人在线上的沟通需求，那么拍拍满足了用户的什么需求呢？当一个人已经拥有了阿里旺旺的账号之后，当一个人已经收藏了淘宝的 N 个店铺之后，忽然冒出一个拍拍做着类似的事情，并没有什么特别之处，用户对待它的态度只能是漠视。从这个角度看，腾讯更多地是满足了自己朝着电商领域挺进的需求，而不是真的顺应了用户的需求。

除了以上三条主观因素之外，腾讯时代的拍拍网走向颓势，也有一些客观因素的影响，比如进入时间要比淘宝略晚，让一部分用户养成了既定的购物习惯，这就如同人们习惯了 QQ 之后再难换另外的 IM 软件一样。另外，马云手下有一大批专门做电子商务的高手，他们在这个领域比腾讯更擅长，也能拿得出更专注的精力不断地琢磨用户心理，所以成功压制住了拍拍。

虽然腾讯时代的拍拍没有取得预期的效果，不过在京东和腾讯联手之后，拍拍能否改写历史也未可知，毕竟互联网市场瞬息万变，“三十年河东三十年河西”的案例也不是没有，只是对马化腾来说，他没有亲手将拍拍打造成一个能够和淘宝匹敌的 C2C 平台，会略有几分遗憾吧。

当“快的”遇上“滴滴”

2014 年，一场关于出租车的战争如火如荼地展开了，两款分别名叫“快的打车”和“滴滴打车”的软件一举成为本年度的热点词汇，而在背后推动着这两个软件互相对抗的却是来自线上的两个互联网企业：“快的”背后是阿里巴巴，“滴滴”背后则站着腾讯。

这似乎是“二马”的又一次较量，只不过这一次是线上和线下相结合的对决。

根据北京咨询公司易观国际估算，仅仅在 2014 年上半年，以“二马”为首的两大互联网巨头，为了抢占市场份额，一共大概“烧掉”了 24 亿人民币，最终的结果是谁也没有将谁赶出这个圈子，而是各占半壁江山。

业内普遍认为，这场打车软件之战是“世界互联网大战的第一场战役”，而参战的双方都是实力雄厚的互联网企业。腾讯参战的理由很明确，为了在即将到来的移动互联网时代抢夺有利位置，所以加强了从 IM 软件向餐厅点评网站等领域的过渡，而交通服务也在这一条产品线上，自然不能放过。然而，这次博弈烧钱烧得实在太猛，付出的代价是巨大的，而用户和司机的收益也是丰厚的，能达到这种程度的互联网巨头对决，也实属罕见。

这场大战的第一枪，在2014年1月10日这天正式打响。就在当天，滴滴打车率先推出了乘车费用立减活动，隆重开启了“补贴政策模式”。消息传出之后，无数的出租车司机下载了这个APP，无数的用户也在手机里安装了这款软件，以备不时之需。

滴滴何以敢拿出补贴来吸引人们的眼球呢？这是因为人家荷包里银子充足，做好了烧钱一搏的准备。在滴滴放出了补贴的“大招”后，“快的”也紧随其后，因为人家同样不差钱——你敢补贴我也敢，于是，双方由此展开了一场“烧钱”大战。

双方鏖战最惨烈的消耗战阶段，是在2014年的2月到3月期间，粗略统计，当时有几百万元人民币流入了出租车司机的腰包。据说，一些出租车司机载一次客就能获得100元人民币补贴，这相当于普通车费的5倍。在北京，如果没有使用打车软件，基本上就打不到车，而上海也面临同样的情况。弄得一些老年人纷纷埋怨：出租车都让会用智能手机的年轻人抢去了。

截至2014年6月30日，滴滴打车占据了45.6%的市场份额，覆盖全国178个城市；而快的打车占据53.6%的份额，覆盖全国306个城市。到了8月初，两个应用软件依然向出租车司机支付象征性的奖励，但是和上半年相比要少得多了。最后，滴滴和快的都停止了司机端的2元现金补贴，一场烧钱大战暂告一段落。

补贴的停止发放，对打车软件产生了很大的负面影响，极大地降低了打车软件的使用率。当然，造成这种结果的原因是，双方都没有发现有效的盈利模式，只是为了争夺行业的垄断位置而进行巅峰对决。

在补贴停止之后，用打车软件也很难打到车，不过对一线城市的影响相对小一些，这是由于打车软件是打车供需匹配对接的平台，一线城市在这方面需求比较强烈。

事实上，一旦没了补贴，打车软件就会遭遇一种尴尬：高峰时段，出租车不用打车软件就能拉到生意，而低峰时段，打车的人本来也少，在没有补助的情况下跑出很远去接单，得不偿失。因此在打车软件停止补贴之后，基本上就名存实亡了，除非是路远的活儿，不然出租车是不会接单的。

尽管司机端的 2 元现金补贴停止发放，不过滴滴方面宣称，对司机的奖励永不会消失，不久还会推出新的奖励办法，而快的方面也表示不会对司机彻底停止补贴。显然，双方的说法都比较暧昧，谁也没有说清到底有没有现金补贴以及怎样进行奖励。

虽然滴滴打车联合创始人吴睿在接受媒体采访时说，滴滴打车在积极探索盈利模式，每月的广告收入已经达到了上千万。可是，这样级别的收入和上亿元的补贴相比，就显得有些微不足道了。当然，对滴滴和快的来说，他们通过烧钱做足了广告，而且培养了用户的移动支付习惯——这个似乎是他们现在唯一能让自己欣慰的事了。

这场由打车软件引发的大战引发了打车市场的重新洗牌，也从某种程度上奠定了快的和滴滴两强并存的地位。

快的、滴滴都通过这场战役来构建和完善了自身的生态系统。由于快的、滴滴分别属于阿里、腾讯两个阵营，必然要受到两大互联网巨头的影响。以阿里为背景的快的，在电商领域能够最快地找到默契的合作伙伴，很容易培植出用户对其品牌的忠诚度。而以腾讯为后台的滴滴，能够凭借强大的移动社交平台优势，形成病毒式的推广。

在生态系统中，最核心的应该是用户，一个是以电商为基础的消费者，一个是以社交为前提的消费者。怎样才能找到和各自消费者相关的营销策略，并通过一种有机的形式将第三方与消费者紧密联系在一起，将成为未来生态系统创建和发展与否的条件。从另一方面来看，打车应用的生态系统，也有利于促进阿里和腾讯建立各自移动支付的平台和流程。

无论是快的打车还是滴滴打车，其线上线下的商业战略布局，最科学合理的做法是将纯粹的打车应用软件转化成一个用户出行消费的端口工具。毕竟，补贴不是长久之计，所以在补贴发放完毕之后，应当通过将线上和线下相结合的办法加强同地方生活服务商家的合作，这样才能有效提高用户和司机的参与积极性，营造出更丰富多彩的打车应用服务内容。

互联网公司介入出租车市场，极大地影响了传统商业公司、特别是出租车公司的利益。尤其是以“约租车”为主的新出行方式，将是传统力量和创新力量之间的对垒。

滴滴相关负责人曾经表示，如今人们出行，虽然有很多方式可以选择，比如步行、坐公交、乘地铁、坐出租等，却少了最重要的一环——约租车。所谓的“约租车”，是指由汽车租赁公司提供专车，劳务公司提供专人做司机，让乘客在一个统一的服务平台上约车，从而实现匹配服务的一种出行方式。

在国外，约租车早已广泛存在，只是它和出租车有着明显的区别：约租车不允许安放顶灯，而且只能在约定时间和地点内接客，无权在路边接客。约租车这种形式进入中国是最近几年的事情，是一种创新的模式，在法律上没有相关的明确规定，因此各地交管部门对这一类车都保持着怀疑甚至是否定的态度。

在打车软件推出之后，“专车服务”成了阿里和腾讯下一个角逐目标。2014 年 7 月，快的打车推出“一号专车”；一个月后，滴滴打车推出“滴滴专车”。这种“专车”服务从北京快速扩展到全国的很多城市，然而在一些城市里遭到了地方政府交通部门的“叫停”，将其称之为“黑车”。

目前国内的出租车管理政策远远落后于整个互联网时代的技术环境，带有浓厚的计划经济色彩，所以才会出现“二马”角逐打车软件的烧钱大战，因为大家都想在市场经济的环境下引领一种新潮流，甚至是对整个出租车行业进行改革。

打车软件之战，不仅是一场席卷线上和线下的互联网风暴，也是一场由巨头引发的尝试构建“汽车互联网”的初次试水。如今互联网让汽车变得越来越智能化，所以汽车成为了一个智能终端市场的入口，互联网巨头迫切想要占据这片市场的心理也就可想而知了。

10

搜索引擎火烧遍野

竞价排名油水多

搜索引擎是除了门户网站之外的，被不少互联网巨头们盯住的另一块肥肉，特别是在李彦宏的百度在纳斯达克成功上市之后，人们对搜索引擎充满了“遐想”，认为这是一个能够掘金的最佳阵地。美国一个投资银行的数据显示，搜索引擎市场每年以35%的速度增长，堪称网络世界的“第四桶金”。

每一个领域的业务都有其固定的盈利点，对于搜索引擎来说，竞价排名是其主要的收入来源，也是引擎关键词广告的主要形式之一，一般来说，企业会根据付费的多少来决定其排名的先后，这是对购买了同一关键词的网站采取排名的一种策略。

竞价排名的基本特点是按照点击数量来付费，广告通常会出现在搜索结果当中的靠前位置，假设没有用户点击的话，那么将不会收取广告费。在相同关键词的广告中，每次点击支付的价格最高的会排在第一位，其他的将会按照广告主自己设定的广告点击价格来决定广告的排名位置。

在国内，最早推出竞价排名的就是百度。应该说，这种按照推广效果来付费的网络推广方式，能够让企业以较小的投入获得大量的潜在用户，从而有效增加企业的销售额，同时也就给搜索公司带来了巨大的利润收益。李彦宏曾经对外公布，竞价排名占百度收入80%左右。

自从百度上市，对中国网民来说。“今天，你百度了没有?”或者“不懂就去百度一下”，已经成为口头禅。这足以说明百度在人们心中的不可取代的地位。

然而，就在百度日渐成为中国网民上网不可不登的搜索网站之时，一场现代版的“四面楚歌”上演了。

2008年11月，中央电视台《新闻30分》报道了这样一则新闻：“百度推出竞价排名，但因为审查不严，让一些骗子企业也上百度的广告，广大人民群众因此而上当受骗。”接着，其他一些媒体也相继发表了相关报道，称百度的竞价排名导致了“恶性竞争”。

百度竞价排名的事情一曝光，大约10亿人都同时得知了这个消息，随后百度的股票一路狂跌，仅仅三个交易日就跌去约38%，每股股票缩水67美元，百度的市值因此下降了1/3，李彦宏的身价也同比例下降了1/3。领导层尚如此，百度的员工遭受的损失更大，很多员工手里的期权都变成了一堆没有用处的废纸。

百度受了这么大的打击，不单单是损失钱的问题，最关键的是无形价值——百度的品牌形象的流失。此外，百度被中央电视台这种全国受众性最高的媒体曝光，实际上是一种“耻辱”，身为百度人，谁都会觉得颜面扫地。

百度的竞价排名是在2001年开始实行的，而且一度被人们称为是“百度成名作”。百度成立之初主要是给新浪、网易、搜狐等中国国内大门户网站提供服务。时间一长，李彦宏觉得这种“寄人篱下”的日子不好过，就积极谋求能让百度崛起的新路。也就是在这时，竞价排名在美国研制成功了，李彦宏借用了这种模式，又凭借自己在技术方面的才能对其稍加改进，推出了百度式的竞价排名。

百度的竞价排名为什么会吃香呢？

2000年，一大批互联网公司如雨后春笋般地建立起来了，网站建立后，首先要做的是“知名度”，因为有流量才能赚钱，此时搜索引擎就显得尤为重要，它可以将这些小网站逐渐地推广出去，让这些小网站变成知名的大网站。

道理很简单，上网的人可能原本不知道某一家网站，但在搜索引擎上搜索的时候，也许就能看到这家网站的相关资料，时间长了，这家网站就会被人们记住，而被网民看久了的网站，就会排到前面去。搜索引擎对一些尚未知名的网站来说，无异于“提款机”。

当时有一家互联网公司，专门为一些游戏玩家提供外挂软件下载。那家公司的负责人说，通过百度的搜索，到他们网站下载软件的人数每天可以达到2万人，有时甚至达到3万人，依靠这样的访问量让他们每个月赚取了不菲的广告费。

此外，中国城市地理网开始建立的时候，也是靠着百度带来的访问客户支撑门面的，从起初的几百人逐渐增加到了几千人、几万人。据网站的负责人表示，百度确实给他们带来了效益，网站能不能维持下去，全仰仗通过百度而来的大量网民。

以上这两家都是小型的互联网公司，一年的收入有限，因此也没有付给百度广告费。而有一些网站为了扩大自己的知名度，不惜花重金来买百度的广告，希望在竞价排名中占有一定的地位。根据报道，全民医药网买了百度差不多半年的广告，花了将近10万元人民币。

虽然百度的竞价排名被“曝了光”，引发了人们对其商业道德的一连串讨论，然而从侧面也透露出搜索引擎领域所隐藏的巨大价值，于是一些互联网巨头开始朝着这块阵地徐徐前进了。

不搅局对不起这排名

百度成为行业的领头羊，不可避免地会成为别人争相模仿并意欲超越的对象，因为在搜索市场上，谁都想成为NO.1，一旦超越了百度，就等于发掘了一座矿藏丰富的“金山”。

2005年，随着中国互联网市场中搜索业务的兴起，马化腾也不由得关注起这个市场。他敏锐地意识到，假设一个门户网站只能够提供信息，将用户当成单纯的被动接受者，而不能利用搜索来实现主动收集和被动接受之间的互动的话，这个门户网站很难继续生存下去，也是一个残缺不全的门户。

2005年2月4日，马化腾和美国的谷歌达成了战略合作计划，之所以建立这次合作，是为了帮助腾讯在搜索领域积累经验，毕竟腾讯在即时通信领域的长处还难以在搜索领域发挥作用。在和谷歌达成合作的同一天，腾讯开始为它的新战略伙伴提供谷歌的网页搜索服务，此外，腾讯还帮助谷歌实现互联网广告和搜索引擎技术的结合。很快，谷歌的网页搜索板块就融入到了腾讯的互联网服务中，其中包括了 QQ 的客户端、腾讯网等。在这种合作之下，腾讯用户能够在很多腾讯的产品中找到谷歌的服务入口。

在跟谷歌合作之后，马化腾开始着手下一步计划，那就是帮助用户订制能够满足他们自身需求的在线生活模式，而对于搜索，马化腾的定位是“信息传递与知识获取”，用来满足用户最基本的需求，而这个需求的链条上，“搜索”就是最重要的一环，起到了链接的关键作用。

一切准备就绪之后，马化腾开始向搜索领域全速挺进。2006 年 3 月 2 日，腾讯正式推出了搜索网站搜搜网，开始独立承揽搜索业务，专注为用户提供更加便捷和丰富的互联网应用服务。因此腾讯对搜搜的介绍是：与时下几个知名搜索引擎相比，搜搜网更加专注于满足用户，尤其是年轻网民的实际需求。

搜搜网是一个包罗万象的搜索网站，它不仅具有网页、图片、新闻、论坛、音乐等功能，还将自家的 QQ 群组和 QQ 空间也一并融入进去，让用户在使用的时候可以一次性地搜出，另外搜搜还有一个很独特的功能，那就是能够进行“综合搜索”：凭借搜搜网的信息整合能力，一次性地搜出与用户键入的关键词相关的所有网页、图片和音乐等信息，让用户在最短的时间内找到想要的内容。从这个角度来看，搜搜的上线带给搜索市场一种全新的改变，并带动起一种充满娱乐味道和生活气息的现代 IT 精神。

和往常一样，马化腾的复制依然带有创新色彩，所以搜搜具有了差异化的竞争能力，它能够更容易满足年轻网民的实际需求这一点，是其他的搜索引擎暂时还做不到的。

作为搜索界王者的百度，不能忽视腾讯的存在，毕竟腾讯的注册用户达几亿人，稍稍一放松，便会出现“亿万大军”战百度的局面。另外，百度一直以来的竞争对手谷歌，无时无刻不在觊觎百度的领地，在2006年以前，谷歌为了在“大局”上有优势，研发出了“Gmail”，接着又亮出了“Gtalk”，正式进入即时通信领域。从表面上来看，谷歌的功能确实很多，但是不免有些烦琐，结果没能在某个领域中成为佼佼者，一直处于停滞不前的状态。

在马化腾看来，百度的发展方向应该会和谷歌类似，也一定会推出自己的即时通信。因为马化腾能够清晰地感觉到，百度已经朝着IM软件领域整装待发了。

众所周知，百度的社区依托于“百度知道”和“百度贴吧”，这样的“粘性”社区为百度带来了众多的用户。有人认为，“百度空间”的开放，目的在于进军“我的空间”，而QQ已然是这一领域目前最大的“提供商”。这样事态就清晰了：百度的枪口对准的就是腾讯。

在一些专业人士看来，百度的路线是首先开通社区服务、博客，随后就推出即时通信，进入新闻社区，走一个以搜索为基础，多样产品共存的金光大道。腾讯走的路线与百度的大同小异，它是以QQ为基础，进而推出相关的QQ游戏，QQ空间等，接着凭借QQ的广泛性进入电子商务领域，然后进军搜索市场。

起初百度和腾讯是没有争端的。可随着互联网的高速发展，竞争也被提上了日程。就算百度不进入即时通信领域，腾讯也会为了整合社区资源而进入搜索。马化腾曾表示，QQ使得更多的人联系在了一起，而且随着QQ增值服务的增多，需要一种有效的手段将其整合，而这一手段就是搜索。说来说去，还是要到搜索市场上去“夺食”。当然，这是企业发展的趋势，也是社会发展的趋势。

百度靠着搜索将自己的势力圈逐一扩大，已经渐渐渗透到了各个领域，而腾讯在 QQ 的支持下，也可以从一个社区跳到另一个社区，达到了“无孔不入”的境界。这样一来，百度和腾讯之间的碰撞也就在所难免了。不过，在搜索引擎这块市场上，还有另外一群虎视眈眈的狼群在悄然逼近。

一场混战即将拉开序幕。

在混战中突围

2005 年 6 月，新浪瞄准了中国搜索引擎市场，推出了自己的开山之作——爱问，并召开了以“问尽天下事，搜索新坐标”为主题的新闻发布会，声势十分浩大。

当时新浪的总裁是汪延，他这样介绍爱问：爱问是不同于以往搜索引擎的，以往的搜索引擎是根据一定的“算法”，将海量的资源整合在一起，然后经过用户输入的关键字跳出网页。而爱问却不是，在爱问上，搜索的用户都可以“互动”，即有问必答。

新浪与中国大百科全书、四通控股有限公司、图盟科技有限公司和北京中搜在线有限公司等强强联合，在内容和资源上都做到了“包罗万象”。另外，爱问中汇集了众多网友的智慧，里面有很多经验都来自网友，新浪这样做的目的，是让网友与网友互相交流心得体会。

针对“互动”的环节，爱问自行研发了一个其他搜索引擎不具备的功能——内容直达特区。这个直达特区最大的特点就是便捷，比如在搜索栏里面输入某个明星的名字，其图片、电影、电视、音乐以及资料全部都会展现出来。另外，假如某个网游用户打算查找某款游戏，只要在爱问上面输入关键字，那么与这款游戏相关的资料便会全部显示出来。对于网游新用户来说，这一功能是十分便利的，用户不用再去海量的信息网上寻找相关的链接了。

汪延表示，新浪是一个综合性很强的门户网站，做搜索是很有前途的，因为一般的纯搜索网站根本不能与新浪上网民的浏览量相比。此外，新浪不搞竞价排名，他认为那样容易误导网民。爱问采用的排名方式都是很贴近网友的，是根据网民的需求排名的。

然而事情并不像汪延预期的那么好，在爱问推出的两年间，它并没有在搜索引擎的市场上掀起多大的风浪，也没有创出多少佳绩，搜索引擎的市场还是被百度和谷歌霸占着，爱问根本就没有与它们抗衡的能力，最后便导致了这样一个结果——新浪与谷歌合作。

2007 年，谷歌中国的“本土化”策略实施得并不成功，因此在与百度 PK 的时候吃了不少亏。而新浪的爱问搜索引擎也没有取得多大的成就，被百度杀得人仰马翻。在这种情况下，谷歌与新浪的合作就变得“水到渠成”了。

在这一年，新浪宣布正式与谷歌合作，共同打造互联网搜索的新纪元。至于新浪的爱问，则完全被“雪藏”了。

这两家互联网公司的合作，可以称为“强强联合”。新浪是中国重要的门户网站之一，海量的新闻资讯是其最大的特点；谷歌是做搜索出身的，而且名气着实不小。在当时来说，除了百度它是最受欢迎的。这种搭配的优势非常明显，新浪以门户为依托，让用户可以一边看新闻，一边搜索资料；而对于谷歌来说，能够好好地“教训”一下百度也是一件很过瘾的事。

谷歌与百度竞争失利的一个原因是百度持有“新闻牌照”，但是谷歌却没有，而谷歌与新浪的合作正好弥补了这方面的缺陷。谷歌与新浪的联合也被认为是被逼无奈，因为他们都觉得百度的实力的确强大，唯有联起手来才能在某一方面占有优势。但是不管它们怎么联合，李彦宏自有法宝应对。

谷歌与新浪大张旗鼓地合作之后，新浪的爱问被冷落了，新浪使用了谷歌的搜索引擎。此时，出现了一个人——搜狐的当家人张朝阳。搜狐原本不叫搜狐，它的前身是爱特信公司。1998 年，爱特信推出了“搜狐”产品，随后将公司改名为搜狐。张朝阳曾经带着搜狐四次融资。2000 年，搜狐终于在美国纳斯达克上市了。

对于新浪与谷歌的合作，张朝阳一直是不看好的，因为在他看来，门户网站的搜索技术不管怎么样，有和没有是完全不一样的。他说，搜狐的后台信息需要搜索引擎的帮忙，没有搜索技术的门户网站的前途是不可想象的。张朝阳之所以有底气站出来说新浪和谷歌的合作有问题，是因为他的搜狐网开通的博客已经有 1000 多万的用户数了，这样的成绩让张朝阳倍感欣慰。

在张朝阳的眼里，技术是很重要的，他和李彦宏一样，把技术看做是互联网公司生存的基础，没有技术作为依托的互联网公司离倒闭就不远了。于是在 2004 年 8 月，张朝阳带领搜狐研发出了一个新的搜索网站——搜狗网。据说，“搜狗”这个词来自于电影《大腕》里面的台词：“他们搜狐，我们搜狗，各搜各的。”张朝阳声称，搜狗网是全球第一个第三代中文互动式的搜索引擎。张朝阳推出搜狗网，明显是向百度开火。

张朝阳对搜狗网充满了信心，他觉得搜狗网凭借本身的技术驱动和性能，还有搜狐门户的支撑，在两年后超过百度并不是痴人说梦。有意思的是，张朝阳这番话是在其会见美国投资人时说的，当时李彦宏也在场。

张朝阳对自己的搜狗网虽然信心十足，但是在事实面前，他还是要承认其不足的。两年后，百度还是百度，搜狗还是搜狗，百度既没有被搜狗掠夺去大量的市场份额，也没有失去中文搜索市场上“巨擘”的头衔。而张朝阳无论是宣称第三代互动式搜索引擎革命搜狗是领军人物，还是对外声明别的消息，搜狗网的水平也只到百度的腰部，再也上不去了。虽然是这样的结果，但是张朝阳并不灰心。

在混乱的搜索大战中，几乎每个新诞生的搜索公司都会将百度作为自己的奋斗目标和竞争对手，只是还没有谁真的超越百度。百度在这场搜索大战中表现出了一种“以不变应万变”的强势，面对众多的强悍对手，依然安然自若。

同样，对于带着搜搜进入这块战场的马化腾来说，他也没有找出更有效的办法和百度一争高下。但马化腾依然以庞大的用户数量为主要的信心来源，加上时而迸发出的“灵光”，小心谨慎地寻找着一切机会向搜索引擎的腹地进发。

键入、回车、三国杀！

随着腾讯在搜索引擎领域和百度的争锋，百度的优势渐渐显露出来，百度贴吧成为了决定胜负的关键因素之一。原因很简单，在年轻用户特别是以 80 后、90 后为主体的用户群中，百度贴吧是他们交流的大本营，仅此一点就足以让他们对百度搜索产生极强的使用依赖。

或许在创建百度贴吧的时候，李彦宏未必能想到这个网络社区能有如此惊人的魅力，然而随着时间的推移，百度贴吧里年轻的“互联网主流人士”挑起了一场又一场激烈的青春风暴，他们通过贴吧恣意倾述甚至是放纵，让贴吧成为了百度笼络互联网原住民的护城河。

其实在百度贴吧诞生之后，网络上相继冒出了各种社交平台，论坛、Blog、SNS、微博、微信……只是很多当初叱咤风云的网站如今都成了过眼云烟，只有一少部分存活下来，而唯一屹立不倒的就是百度贴吧。

截止 2014 年，百度贴吧已经有了突破 10 亿注册用户，有 820 万个兴趣贴吧，日均话题总量过亿，日均浏览量超过 27 亿次。可以说，正是这批年轻用户群体的忠诚守护，帮助百度建立了一个有利的互联网生态环境。

贴吧的本质，其实是一种基于共同话题聚合的社群，它充分地满足了人们自古存在的矛盾个性：既想要追求个性却又想寻到知音。因此在百度贴吧里，通过搜索和查找不同的关键词，每个网民都能找到属于自己的一片天空，而无需再借用其他方式和手段。

正是百度贴吧的多元化发展战略，让当下不断裂变的亚文化群体得以在百度不断存续下去。无论是穿越剧还是韩流追随者，只要代表着一种文化形式的人群，他们都能够通过百度贴吧来找到属于自己的精神家园。虽然人们普遍认为，亚文化裂变对互联网巨头来说是危险的，但是对那些创业者来说却是千载难逢的机会。

可以说，中国互联网的“粉丝文化”就发端于百度贴吧，比如贾君鹏、超女拉票等。因此，在“头条”成为当今最大“生产力”的今天，贴吧以“社会性”和“话题性”等特征，让来自天南地北的网友找到共同的切入点。在此基础之上，百度又通过增强搜索热点和话题反作用于贴吧，从而进一步提升社会影响力。

除此之外，百度贴吧对完善和整合百度账号体系起到了巨大的促进意义，加快了搜索引擎“去工具化”的演变过程。因为从人类的心理学角度出发，人们首先需要的是社交和寻找社群归属感，最后才是使用工具。当网络上的年轻用户群体将现实生活迁移到虚拟世界之后，也一样要遵循这个法则去运行。

由此，百度贴吧通过推动百度产品的普及，进一步强化了账号体系，成功地实现了搜索引擎的“去工具化”，极大地帮助百度构建庞大的互联网生态体系，也正是由这样的原因奠定了百度搜索的地位。

百度贴吧的优势超过了 QQ 群，因为它所创造出的社区感和归属感更加强烈，很多时候 QQ 群只是作为一个辅助性的 IM 工具，需要配合百度贴吧的存在，因为每一个社群的人都是以贴吧为中心的。在这种主次顺序的排列之下，百度搜索自然就超过了腾讯的搜搜。

据说在搜搜正式推出之前，在一次互联网峰会上，李彦宏和马化腾不期而遇，由此展开了一场巅峰论战。当时，李彦宏问马化腾的搜搜为何物时，马化腾没有回答而是比较客气地拒绝了。由此可见，那时候李彦宏对腾讯即将推出的搜搜怀有一定的担心。

当搜搜正式推出之后，马化腾在用户搜索和腾讯现有的产品实现了有机的整合，为的是要做出一个个性化、社区化、智能化、移动化的东西，而非一个在框里输入信息关键词然后回车的小玩意儿。

后来，谷歌从中国大陆退出，搜搜又得到了一个绝好的发展机会，一来是少了一个竞争对手；二来有不少原谷歌的工作人员被腾讯纳入帐下，从而进一步提高了搜搜的技术能力。

尽管如此，搜搜的发展道路并不顺利，虽然它吸收了一些谷歌的先进技术和有经验的员工，然而要想将他们重新融入到搜搜这个新的搜索引擎中，需要时间上的磨合。毕竟，搜索引擎在腾讯的战略部署中只是一个部门、一个计划，而对曾经不可一世的谷歌来说，则是他们的全部核心，这种重心上的差别是很难通过其他方式来替代和弥补的。而且，由于腾讯的整体资源总量有限，不可能将最好的资源全部输入到搜索引擎这个业务中，因此也在客观上制约了搜搜的全马力开动。

所以，从现在搜搜和百度的实力对比来看，马化腾对搜索引擎领域的挺进只能说是一次还在探索之中的旅行而已。要想真的超越百度，还有很多的路要走。

从现在搜索引擎市场的发展态势来看，真正让百度感到忧虑的不是搜搜，而是奇虎360。自从2012年8月奇虎360高调发展搜索引擎以来，在短短的两年间，奇虎360这个并不大的互联网企业爆发出了惊人的能量，“3Q大战”没有将它撂倒，反而使它在面对百度这个行业巨头时表现出了更多的勇气和智慧。有关资料显示截至2014年8月11日，在整个中文搜索市场中，百度占据55.1%的份额，360搜索占据29.7%的份额，而搜狗和搜搜一共占有12.8%的份额。

众所周知，奇虎360是一个以安全软件起家的企业，在它上市之初，360搜索几乎在一夜之间获得了10%的市场份额，成为了前途最难以估量的搜索引擎平台，对现有的搜索引擎市场格局产生了极强的冲击力，也引起了同行们的广泛关注。

在360搜索推出两年之后，其市场份额不断提升，要知道，在谷歌退出中国大陆的时候，百度的市场份额一度从63%猛增到80%，成为地地道道控制中国搜索市场的绝对王者。而在360搜索悄然杀进市场之后，坐在头把交椅上的百度产生了危机感。甚至有人预测，百度一家独大的局面不会维持太久。

那么，360搜索何以有这样的能力紧追百度不放呢？这跟它的产品创新和产品突围不无关系。

通过对360搜索结果页的观察可以发现，360搜索具备了很多跟百度类似的产品思路，比如“360谈谈”这个社交玩法和用户自定义搜索结果等，都展示出了它的产品设计和塑造能力。现在的情况是，百度不断强调要在技术领域进行创新，对首页进行简化，要加强特型搜索……而360搜索却不断推出新频道，从而适应用户日益变化的搜索需求。这种敢想敢干的思路，已经让百度和不少业内同行颇为忌惮。显然，巨头们也很清楚，如果奇虎360继续埋头苦干下去，说不准真的会来个一鸣惊人的壮举。

360搜索还有一个很明显的优势是，它能够在同质产品中实现结构的合理性优化，而且非常注重产品新功能的开发，在很多方面不愿意拾人牙慧，比如它推出了良医搜索、欺诈推广全赔计划、搜索网购先赔计划等。另外在移动搜索领域，它上线了独立搜索的APP，把搜索和APP的矩阵进行重新整合，从而建造起来更快速、更准确的“APP内搜索”等微创新产品。除此之外，奇虎360推出的“拍题神器”和“玩图神器”等功能也极大地调动了用户的好奇心和参与感，在上线两个月后，其移动搜索次数一举突破1千万次大关。显然，360搜索正在成为搜索领域中最具威胁力和发展力的新秀。

◆红钻时代——“秀”给全世界看

11

企鹅也要玩游戏

初入网游

2006年，美国证券公司飞利凯睿在一份当年的报告中预测：休闲游戏将在未来5年内占据整个游戏产业总收入的50%。显然，随着互联网的不断发展，广大网民对网络休闲游戏的需求也日益增加。

说起网络游戏，就不得不提一个人的名字——鲍岳桥，浙江余姚人，他是中国休闲网络游戏的前辈级人物，1989年从杭州大学毕业，于1998年和王建华等人组织创办了“联众世界”，一下子成为国内著名的棋牌类网站，鲍岳桥本人也被评为“中国科学院跨世纪青年科学家”。

2000年6月，联众组建了联众俱乐部，对用户实行了收费会员卡制度，一年之后这项收入占到了联众总收入的一半左右，由于庞大的免费玩家占了大多数，而办理会员的用户人群也没有被充分地调动起积极性来，这为联众的继续成长埋下了受挫的伏笔。

2001年4月，联众的网络游戏世界收获了两个第一：中国第一和世界第一。中国第一指的是注册用户数量中国第一，世界第一指的是同时在线人数世界第一。在2001年的6月30日，联众实现了1219万元的利润收入，鲍岳桥被评选为“2001年中国IT十大风云人物”。

网游的火爆再次让马化腾看到了商机，他相信凭借QQ的庞大用户数量，足以在这块市场中占据一席之地。

在第三届西湖论剑上，马化腾和鲍岳桥有过一面之缘，对他当时意气风发的样子记忆深刻。在那次西湖论剑上，曾经有观众问马化腾QQ是否有新的动作。马化腾的回答是：“就像我们刚才在说的彩信就是其中一个，以后我们的手机就是你的电脑，网络将是生活中不可缺少的，沟通是十分重要的，未来我们的发展就在这里。”其实，马化腾当时就有了进入网络休闲游戏市场的想法，只是玩了个障眼法而已。

在西湖论剑结束之后，互联网上立即爆出一个惊人的消息：QQ游戏进入公测阶段！紧接着，马化腾在北京举办了一个活动，庆祝QQ游戏突破100万用户的关口。这时候人们才恍然大悟：原来腾讯早就做好了冲进网游世界的计划。在2006年2月，QQ游戏一举突破了200万用户同时在线的大关，创造了中国小型网游发展8年以来，同时在线人数的最高纪录。

QQ游戏的崛起让联众不免有些担忧，鲍岳桥甚至在2006年

2月27日提出了一个新口号——快乐每一天，显出了一种日薄西山的悲凉。

当时，国内除了联众之外，还有金山、盛大等网游公司。其中，金山的资历算是比较老的，从1995年开始就致力于开发单机游戏，他们的《剑侠情缘》一度走俏。然而，盗版软件的猖獗致使金山词霸没能为公司赚到多少钱，而他们开发的WPS也被微软的office系列所超越。后来盛大兴起之后，金山的生存状况就愈发堪忧了。

1999年9月，陈天桥投资建立的Stame. com和中国最早的天堂硅谷的注册用户达到了数百万，平均每天的浏览量为600万人次。两个月后，经过了陈天桥和他的创业伙伴几个夜晚的冥思苦想，“上海盛大网络发展有限公司”诞生了。2003年7月，盛大推出的“传奇世界”开始面向玩家测试，并很快火爆起来。2004年盛大在美国纳斯达克成功上市——又一个实力雄厚的网游公司崛起了。1998年，从美国留学归来的朱骏发现中国缺少网游之后，马上投身网游行业，在1998年成立了“第九城市”。2002年，朱骏以200万美元的价格买下了韩国Webzen公司出品的《奇迹》在中国的代理权，2003年《奇迹》收费之后，第九城市平均每天收入近200万人民币。

面对网游市场的“大咖”们，马化腾开始琢磨新的出路，他的关注点放在了大型网络游戏上。经过一段时间的“扩军备战”和产品跟踪之后，2003年5月，腾讯正式代理韩国开发商Imazic开发的全3D网友《凯旋》。在马化腾看来，网游用户的素质越来越高，国内网络硬件设备的层次也在提高，所以全3D游戏将会代替目前市场处于主流地位的倾斜45°的2D网游。

2004年7月10日，马化腾在中国第八届国际软件博览会上说："上市之后腾讯手中握有2亿多美元现金，网络游戏市场也将成为我们下一步投资的重点产业。"为了尽快推动网游的全面建设，马化腾组建了一支多达百人的网络游戏工作团队，专门负责网游的研发和运营。这样一来，马化腾走上了一条"休闲小游戏+大型网游"的路线。

马化腾向网游市场进军，自然引起了一些业内人士的关注，当时的盛大似乎感觉到了一丝压力，他们认为随着新浪、网易等门户竞相进入网游市场，已经证明了中国数字化娱乐时代即将来临，而腾讯则是一个对网络有着很深理解度和认知度的企业，所以它的进入必定会影响国内网游市场的走向。第九城市对腾讯的进入则表示了"欢迎"，在他们看来，腾讯是即时通信软件中的老大，拥有着庞大的用户群体，在网游方面拥有一定的优势，所以腾讯的进入会促进中国网游的成熟和发展。

在人们的关注和玩家的期盼之下，腾讯的《凯旋》终于杀进了中国的网游市场。

《凯旋》是一款3D游戏，所以无论在视角上还是画面上都要超过2D游戏。而且，经过优化的《凯旋》同样能在低端用户的电脑上流畅运行，所以能够更广泛地吸引普通玩家的注意。

为了营造良好的口碑，腾讯在代理《凯旋》之后，积极进行各项推广工作，也加强了和国内各位玩家的沟通和互动，因此有了在短短的几个月之内、服务器连续扩容6次、同时在线人数过万的盛况。此外，《凯旋》比其他网游多了一个优势：在玩家注册《凯旋》之后，只要游戏角色达到了一定的级别，就能够拥有一个同号的腾讯QQ，接着玩下去的话将会达到新的级别，也可以升级成为腾讯会员。

在收费方面，腾讯也独创了两条渠道：一个是移动 QQ 和手机加油站，通过采取手机账单的形式扣除网游所花费的资金；另一个是可以用 Q 币来支付。而这两种方式对于玩家来说，都是比较安全的，避免了因为购买假点卡带来的损失，同时增强了游戏体验。更重要的是，腾讯为此建立了属于自己的独有销售渠道，维护玩家利益的同时也保护了自己的利益。

尽管《凯旋》具备很大的优势，它出色的画质在 2005 年之前也没有敌手，然而由于马化腾缺乏网游方面的运营经验，很快便出现了一些问题，比如服务器负载能力低、游戏装备难打却易暴以及外挂泛滥等，之后《凯旋》又出现了很多问题，于是一款原本具有很高品质的网游迅速走向了没落。

没落说明不了什么，只能证明腾讯在网游市场中还有更多的路要走，一旦这些道路被打通，腾讯将借用自身的优势为自己赢得丰富而充足的利润营收渠道。

力战群雄

马化腾第一次代理网游遭遇了“滑铁卢”，这对刚刚进入网游市场的腾讯来说，无异于是一个比较沉重的打击。不过马化腾很快从中吸取了经验教训，最后做出了一个重要的决定：一方面充分利用用户资源强化游戏平台，另一方面采取分区运营的办法积累经验。由此，马化腾也不再满足于模仿和代理游戏，他要自主研发，启用“两条腿”走路，很快腾讯将自己的假想敌设定为了当时的网游巨头——盛大。

腾讯推出了《QQ 棋牌》，正好赶上盛大收购边峰游戏平台，然而仅仅过了一年的时间，《QQ 棋牌》就超越了联众、边峰等一批棋牌游戏平台，成为棋牌游戏中的王者。更重要的是，腾讯打破了棋牌游戏难以赚钱的魔咒，向中国的网络游戏界展现了小企鹅的强悍实力。

虽然腾讯缺乏游戏运营经验，不过在用户推广方面却是经验十足。腾讯先后和北京华夏、成都梦工厂等公司合作分区运营了《华夏》《侠义道》等网络游戏，而这些公司通过跟腾讯合作也获得了不少的收入，当然对腾讯而言，此时赚钱不是关键的，关键的是积累运营经验。也正是由于经验的不足，马化腾才拿休闲类网游“练手”。

2004 年，腾讯推出了《QQ 堂》，该款游戏上线之后得到了广大玩家的青睐。《QQ 堂》推出之后，有人认为它是抄袭了盛大的《泡泡堂》，尽管如此人们还是追逐着这款新生代的网络休闲游戏，每天登录游戏的玩家达到了几百万人。从实际情况来看，腾讯的跟风和模仿再次取得了成功，并且打破了休闲游戏市场中“老大成功老二没机会”的所谓定律。尽管《QQ 堂》在业绩上未能超越《泡泡堂》，然而其收入却十分可观，而且从游戏内容上来看，《QQ 堂》包含了好几个休闲游戏，并非是单纯的“炸弹人”。

《QQ 堂》取得成功之后，马化腾并没有停止前进的脚步，而是继续一边模仿、一边研发、一边小规模代理地发展网游：“QQ 对战平台”模仿“浩方对战平台”，《QQ 三国》模仿《冒险岛》，《QQ 飞车》模仿《跑跑卡丁车》，《QQ 炫舞》模仿《劲舞团》，后来出现的《穿越火线》则模仿了《CS》……不管多少人对腾讯的这种模仿行为感到不满，但他们不得不承认一个事实：正是这些被人诟病的跟风作品，再度证明了腾讯不怕和竞争对手出现同质化竞争的情况。相比之下，这些被腾讯模仿的游戏倒是出现了业绩下滑的情况。

随后在2005年，马化腾斥资3000万元，用时两年研究开发出一款大型网游《QQ幻想》，作为一款“社区型”游戏，《QQ幻想》帮助腾讯朝着计划中的网络社区迈进了重要一步。

随着在休闲类网游领域的经验积累，腾讯也开始回归大型网络游戏的制作，最终推出了代表性作品《寻仙》和《地下城与勇士》(韩国开发)，两个游戏一中一外，一个3D一个2D，游戏性质和游戏内容完全不同，可见马化腾对这两个产品线进行了深入的思考。虽然在实际运营中，《地下城与勇士》发生了有关收费道具和外挂所引发的问题，不过依然取得了200万人同时在线的业绩。

随着网络游戏的不断发展和普及，其负面效应也逐渐显露出来：不少青少年沉迷于网游不能自拔，出现了旷课逃学甚至为获得资金玩游戏而走向了犯罪道路，民众开始对网游产生了一些负面的看法。也正是这个原因，马云才说了“饿死不做游戏”的话(2014年阿里巴巴宣布进军手机游戏市场)。

对于网络游戏的是是非非，马化腾有自己的看法：“任何一种服务，都必须有序、适量地让用户使用。反之，不管游戏的定位是休闲还是教育，如果让用户被迫连续泡在里面的话，就是不健康的。”或许是马化腾认识到了网游的危害，所以他将《QQ幻想》打造成一个休闲的、轻松有趣的网络游戏，不是那种为了升级、装备而不断打怪练级的游戏，相对而言更加健康科学一些。

为了深入推广《QQ幻想》的健康形象，腾讯和娃哈哈集团联手，开展了名为“畅饮营养快线，玩转QQ幻想”的大型联合推广活动。双方对这种合作模式都很看好，马化腾认为，商业模式的好坏跟投资多少无关，而是应当考虑能否实现多方面的共赢。

正是因为腾讯和娃哈哈有着相似的企业理念和目标用户群，而且都具备优势资源和市场强项，所以在他们合作的主题中，“健康”成为了一个关键词，这对双方的企业形象塑造都大有裨益。

通过和娃哈哈的合作，马化腾也敏锐地看到，中国网游市场经过几年的培育，正在朝着更加细分化、专业化的方向发展，网游服务市场会变得更加成熟和稳定，而国内网游厂商的成长也会促进自主研发能力的提高，所以对腾讯来说，前方还存在着大量的、未被开发的新矿山。

手游时代变数多

2014 年 8 月 13 日，腾讯公布了当年 Q2 财报：总营收为人民币 197. 46 亿元，其中游戏带动的收入增长非常明显，达到了 110. 81 亿元，其中 QQ 手机版和微信上的手游收入达到了 30 亿元，占网络游戏总收入的 30% 左右。另外，腾讯在网游领域的专利成绩也是很突出的，截止 2014 年 11 月 20 日，腾讯在在线互联网游戏中的专利达到了 64 件，排行第二的华为是 41 件。最近几年，腾讯的专利申请量每年都处于领先地位，可见马化腾在网游领域一直是不断创新的。

目前，腾讯游戏已经成为国内大型的网络游戏社区之一，在马化腾提出的开放性网络大战略的部署下，腾讯游戏已经涵盖了休闲游戏平台、大型网游、中型休闲游戏、桌面游戏、对战平台五大类别。不过，随着智能手机的普及和移动互联网时代的到来，PC 端游戏的收入从整体上来看处于下降的态势，而棋牌休闲游戏更是不如以往那般辉煌。

现在，腾讯的 PC 端游戏受益于《逆战》《剑灵》以及《英雄联盟》的贡献，它们是其主要的收入来源。此外，腾讯推出的《地下城与勇士》《英雄联盟》《穿越火线》也成为全球网络游戏收入中排行前三的游戏。尽管如此，手机游戏的快速发展已经严重冲击了 PC 端游戏的收入，这成为整个行业的共同现象，绝非马化腾一人能够抗拒的。

从手机游戏市场的现状来看，网络棋牌依然是主力游戏之一，所以很多实力雄厚的厂商不断加入进来。马化腾现在还没有正式进军手机棋牌市场，他只是将原有 PC 端的游戏经过修改之后移植到手机上，主要靠的还是玩家的数量和多年来积攒的人气。但是只要腾讯用心整合的话，完全可以设计出一款更具吸引力的手机棋牌游戏平台，到那时其他公司将很难跟进。

在腾讯战略性地转移 QQ 游戏大厅时，联众、博雅等移动棋牌游戏平台也在同一时刻保持着高速的成长状态。因为大家都看到了，ARPU 值（每用户平均收入）低、用户粘性高的移动棋牌类游戏很容易抓住玩家的碎片时间，所以深受不上无线端用户的欢迎和喜爱。

作为 PC 端棋牌游戏的巨头，腾讯的霸主地位正在受到手机游戏的严重挑战。不过，腾讯方面表示，未来腾讯的手游业务收入会处于稳定状态，这其中主要是由用户体验决定的，腾讯也会加紧推出新的手机游戏来占领市场，也会吸引更多第三方游戏的加入。

从腾讯目前的财政收支状况来看，其移动游戏平台收入得到了飞速的增长，然而距离设定的目标还存在一定的差距。根据相关分析机构的统计，腾讯的移动游戏整体安装量和月活跃用户，都在 2014 年 4 月达到顶点，之后开始下滑，而腾讯自家的游戏数量也在减少。排除掉应用宝在其中所起到的作用，手机 QQ 和微信游戏收入的增长似乎并没有跟上市场整体的高速发展。

虽然微信已经以极大的优势迅速占领了移动端，赢得了几亿用户的青睐，但移动游戏业务仍然受制于传统游戏的变现模式。相较传统的 PC 端和其他移动游戏的 APP，腾讯的微信活跃用户大部分由城市的中高端人群组成。对于这一部分用户来说，他们登录微信的主要目的是放松休闲，而非进行虚拟物品的消费。从这个角度来看，手机游戏在利润增收方面存在着一定的上升限制。

目前，腾讯手机游戏的 ARPU 介于 100 元到 110 元之间，并不十分理想，所以对腾讯而言，提升移动游戏的 ARPU 值比提升用户数量更加重要。

现在，腾讯移动端的双平台差不多已将中国的全部网民都吸纳进去了，在腾讯的促动之下，很多的非玩家逐渐演变成休闲玩家，而大部分的休闲玩家又演变成重度玩家，然而腾讯的流量和用户的导入能力却存在着受限的情况。另一方面，腾讯也看到了社交平台的游戏处于瓶颈期，因此又额外开发出了应用宝这个分发的新渠道，然而应用宝目前又依赖于微信和手机 QQ 平台的用户导入，导致一些腾讯手游只能在应用宝中下载，这就给应用宝的使用和发展带来了一定的压力，一旦经营不善或者布局不合理，将会引发一系列的问题。

在备受用户青睐的手游时代，腾讯能否借助微信带来的巨大辉煌在这个业务领域拔得头筹，就要看马化腾如何率领他的企鹅军团运筹帷幄了。谁能占据用户的手机端，或许谁就能在移动互联网时代挖掘到更多的黄金。

12

“全民公敌”也是腕儿

模仿是创新之母

似乎除了腾讯，在中国的互联网上再也找不到一个能够被称为“全民公敌”的企业了，也再没有一个公司能够容纳几乎全部的互联网产品和服务。于是，人们将“打工皇帝”唐骏的那句“我的成功可以复制”改成了“我的复制可以成功”来调侃腾讯。

其实，这恰恰是企鹅帝国的核心价值所在。

当初，马化腾看到即时通信软件在中国充满发展前景，所以他一直在思索，怎么继续发展才能让自己的 QQ 变得更加富有生命力。他拿出了当年对 ICQ 学习和改进的技巧和劲头，对小企鹅的产品内容不断进行延展。

马化腾的确做到了，他让这只小企鹅不断强大，并聚集了一大批稳定广泛的用户群。不过，随着腾讯业务的不断扩展，很多人发现腾讯开始模仿各种互联网服务及应用程序，由此引发了人们对腾讯的一些非议。

其实，模仿和创新一直是马化腾的杀手锏，也是他“站在巨人肩膀上”的一种商业策略，甚至可以说是一种成功哲学。马化腾很清楚，在创造力相对国外较弱的中国互联网市场中，做一个先行者和开拓者是很辛苦的，甚至是比较危险的。所以，他毅然决然地选择了这条“模仿+创新”的企业发展之路。

不过问题也由此来了，很多人认为马化腾的这种创业思路是在压榨创业者的成果，也有人认为腾讯的一大堆的“模仿”烙印值得人们去深思。不过，甭管人们怎么喷口水和吐槽，时至今日腾讯依然发展得很好，除了OICQ的域名风波之外，几乎再没有大宗的被起诉的案例。

于是，有人开始研究马化腾的高明之处到底在哪儿。答案或许就是，被模仿者很可能也是初模仿者。换句话说，马化腾并没有模仿真正的初创者，而是一个三次模仿甚至是四次模仿的“过滤者”。

在很长一段的时间内，腾讯的模仿事件一度闹得沸沸扬扬，甚至有人专门进行了研究，还罗列出一长串的模仿名单：QQ模仿ICQ、TM模仿MSN、拍拍模仿淘宝、QQ游戏大厅模仿联众、QQ对战平台模仿浩方对战平台、QQ团队语音模仿UC Talk、财付通模仿支付宝、QQ拼音输入法模仿搜狗输入法、超级旋风模仿迅雷、QQ播客模仿土豆、QQ交友中心模仿亚洲交友中心……这个名单实在太过冗长，不过仅仅浏览前面几个被模仿的知名互联网服务和程序软件，似乎就足以看出马化腾在模仿创新这条路上走得相当之远。

其实，腾讯之所以敢于模仿这些各领域的巨头而且又免于官司缠身，主要还是因为这些互联网核心技术根本就不在中国，比如大名鼎鼎的支付宝和一些视频技术等，它们本身就是从国外引进过来的。因此从马化腾的模仿案例来看，很多被模仿者也是模仿者，他们都和腾讯一样，借鉴了国外的某些商业模式。既然大家都在踏向“雷区”，那么剩下的就是技术之间的比拼和文化移植之间的争斗了——谁最终做出的软件最受中国网民欢迎，谁就能取得成功。

当然，马化腾在多个应用领域的成功绝不是仅仅依靠着模仿，因为模仿本身没有技术含量，任何人都可以去做，然而似乎只有腾讯的模仿让竞争对手感到了恐惧，这其中的原因又是什么呢？大体上看主要有两点。

第一，腾讯模仿了这些被模仿者的某些服务应用，在功能上能够比肩对方，这是非常具有威胁性的。

第二，腾讯的用户量实在太庞大了，拥有着如此众多的潜在使用者让它随便推出一款软件之后都不愁没有市场，并且它还能够根据用户的体验进行创新。

虽然只有这两条优势，但马化腾的模仿足以让竞争对手不寒而栗了。

联众创始人鲍岳桥说过：“从 QQ 游戏平台上线那天起，联众的失败就已经注定了。”后来，奇虎 360 董事长周鸿祎也在多个公开场合对马化腾在产品上的功力表示了钦佩，不过他也表示，自己的安全产品将要和 QQ 医生进行正面的较量（或许正是憋着这股劲儿，才有了后来的“3Q 大战”）。

事实上，马化腾在用户体验方面的确是做得相当成功的，因为他一直奉行着“以人为本”的原则，所以不管模仿什么，都不会做得比竞争对手差。也正是因为腾讯模仿得成功，不少业内人士觉得在中国互联网这个大圈子中，无论是巨头还是小型创业者，很少有人会做到百分之百的创新，假设只用模仿这个标准来进行衡量的话，没有任何人可以“幸免于难”。所以，人们真正忌讳的并非是模仿，而是没有创新的模仿。

来看一下 QQ 的创新吧。比如，在 QQ 下面的服务图标中，马化腾增加了各种增值服务的入口，比如 QQ 会员、蓝钻、红钻等，而这些东西显然不是马化腾从谁身上学来的，而是他自己独立创造出来的，是一种带有进步性质的创新，也正是因为这一类的创新，腾讯用户群体才不断扩大并更加巩固。马化腾扩充出来的增值服务也让腾讯不断获得各种收益。在这种庞大用户群体的支持下，马化腾大胆地继续各种模仿，从而根据用户的需求让每一个被模仿的产品趋近完美。

我们不妨这样看马化腾的模仿：他先是虔诚地跟在一些巨头的身后，亦步亦趋地学习着然后细致地模仿，最后决绝地超越。在马化腾看来，只要是一个领域的发展前景不错，他是绝不会放弃上前掘金的好机会的。

有人曾经预言，互联网市场中的模仿还将继续存在，而这也是符合中国国情的一种客观现象：先发现有新东西，然后跟着学，接着再基于中国的一些本土文化进行创新。

做用户肚子里的“蛔虫”

有人说，如今是一个“内容为王”的时代，也有人说“用户至上”才是王道。其实，这两种观点并不矛盾，想要让用户感到满意，首先要做的就是将产品的内容做好，直击用户的痛点，这才是做企业的制胜法则。

毫无疑问，腾讯之所以能将市场做得这么大，完全在于其有着庞大且稳固的用户群，而这个深厚的基础恰恰是通过对用户心理的成功把握获得的。

马化腾让他的企鹅帝国成为了一只能钻进用户肚子里的“蛔虫”，深切地感受着用户的各种诉求，以此来不断完善和改进腾讯的各项产品，让用户获得最佳的使用感。

马化腾认为，为产品做设计最难的应该是订优先级和先后次序。因此，他对腾讯的所有产品功能的判断都不会让员工仅仅写一个报告统计下流量就可以了。因为这种所谓的报告含有很大的主观成分。马化腾一直希望腾讯的产品经理在产品设计之初就将一切有关体验的问题考虑清楚，要对产品本身投入更多的关注度，如果关注度很高，那么出来的结果也就会非常不错。

马化腾十分看重产品的核心功能，因为产品的核心功能就是要帮助用户，帮助用户解决在某一方面的需求，比如节省时间、处理问题和提升效率等。马化腾对腾讯的产品经理的要求是：有能力、有信心做到对核心能力的关注，要热切地渴望将速度、后台做到极限。

有一次，马化腾认为腾讯的网页速度做得不是很好，经过优化之后有了明显的改善，于是他就问大家“不知道之前你们都做什么去了”。他的意思很直接，一个存在着负面体验的产品让用户忍受了这么久，这样做既是在浪费时间又是在浪费腾讯的资源，所以一定要在性能方面更多地关注才行。

用户体验在马化腾看来是需要有技术突破点的，比如QQ影音在诞生之前，网上有很多同类型的软件，比如暴风影音等，用户一旦选择了一款软件，基本上不会随意更换，所以马化腾认为不能将QQ影音做成一个同质化味道非常浓的产品，否则即使被广大用户使用，充其量也是一个二流产品，将会失去用户的认同感。

为了解决这个问题，马化腾要求，关注产品的硬指标，在设计和开发的时候就必须考虑到外界会将这个软件和同类产品进行比较，比如播放能力、占用内存等。也正是本着这个原则，马化腾做出的QQ影音，在推出之后获得了良好的市场反响。

当然，关于硬指标的问题，马化腾认为在选择上也是存在着很多选项的，比如网络播放、交流分享等，这些最后都被QQ影音所摒弃了，因为他觉得用户需要的是一款播放器，这就是他们最基本也是最原始的需求，并非所有的人都迷恋高清和3D效果。特别是对一些比较落后的计算机，如果它能用QQ影音播放暴风影音不能放的视频文件，就会在用户心里留下很好和印象。

马化腾对产品的要求，其实就是要让产品的核心能力达到极致，一旦实现这个极致，就能够通过技术实现各种差异化，让竞争对手无法赶超或者是费很大力气才能赶超上，这样腾讯产品自身的优势就出来了。

事实正是如此，为数不少的用户认为他们使用QQ最大的感受就是传文件的速度比较快。而这些用户的反馈，就是腾讯的优势所在，马化腾也及时地关注这些反馈，并让这些优势继续加强和不断完善。比如 QQ 的离线传文件，其实就是一个中转站的作用，哪怕用户传输的是超大的文件也无所谓。事实上，尽管经常使用这一类功能的用户群体并不多，可是当用户想使用的时候就能用上，这样他们就会对腾讯的产品有好感，好感度一上来，使用粘性也跟着上来，产品优势一旦体现出来，品牌价值也就一起提升了。

关于后台保障，马化腾还是将产品经理视为“先头部队”，因为每一个产品的更新和升级，都是要通过产品经理配合才能完成的。不过，在腾讯内部，很多产品经理都不是做研发出身的，然而很多产品和服务往往需要大量的技术背景。为此，马化腾也着手让更多资深的、做过前后端开发的技术研发人员晋升为产品经理。马化腾认为，一个好产品最好是被送到一个有技术能力和经验的人手上，这样才能让大家更放心。相反，一个产品经理如果不合格，总是拉着很多人陪着他一起干，那么最终的结果往往不会让人满意。

不论是做什么样的产品，口碑都是非常关键的，而这个口碑的来源往往是一些高端用户和意见领袖的关注方向。过去，马化腾的思路是抓大放小，满足金字塔下面的“小白”用户的需求。不过随着腾讯的发展壮大，他越来越看重高端用户的感受。

那么，怎样才能增强高端用户的关注度呢？马化腾认为这是在基础功能相对较好的情况下才能考虑的问题。在产品已经成型的前提下，腾讯对高端用户也有着充分的换位思考，比如会允许用户在 QQ 邮箱上使用别的邮箱。虽然这看起来是微不足道的产品改良，但如果腾讯完全禁止用户使用外部邮箱地址，将会引起用户的反感，反之才能真正方便用户。

关于口碑如何积累的问题，马化腾认为在腾讯的某一个产品没有口碑的时候，就不要滥用平台。产品经理最要关注的一个点是让用户感到满意的地方。如果别的点都做好了，唯独一块是空白的，那么用户只能给你一个差评。另外，随着用户数量的不断激增，用户自身也会帮助腾讯推广他们使用的非常满意的产品，所以这个时候切不可天天发广告打扰用户，不然可能会适得其反。因此，马化腾对待产品的研发和推广是非常谨慎的，每做一件事情、每增加一个新内容都要考虑再三，带着建设性的心态去提升产品的口碑。因为马化腾很清楚，一旦口碑毁掉了，再想挽回就很困难。

马化腾不断地让腾讯的产品增加各种功能，与此同时，他对功能的管理控制也很有心得。当一个产品的核心功能完成之后，常用功能是要跟着逐步补齐的。作为一个有着优质口碑的产品，设计者必须要对每一个功能都考虑清楚，其中最常见的问题就是：某个功能给10%的用户带来好感的同时，会不会给其他的用户带来麻烦。所以，解决产品自身存在的冲突需要多动脑筋，要学会针对不同的情况做不同的处理。换句话说，功能多的未必就是最好，只有让用户使用得满意才是真正的好。

马化腾总是反复强调，想要发现某个产品在哪些方面存在不足，最好的办法就是天天使用，这样才能敏锐地找出到底什么地方让用户不满意。马化腾表示：假设产品经理从产品上线开始一直坚持使用三个月，总会发现问题的，哪怕一天只能发现一个，最终也能将问题统统消灭掉，从而让腾讯的产品逐渐接近“良好口碑”的终极目标。为此，马化腾给很多产品经理的建议是，不要因为这项体验的工作没有什么技术含量就不做了，事实上，很多优秀的互联网产品，基本上都是通过这个看似“很笨”的方法做出来的。所以，只要凭借着一颗坚持之心，一颗对用户的负责之心，迟早都会有突破，最终都会让一个产品定型成功。

就拿QQ邮箱的“返回”按钮放在哪儿这个问题来说，马化腾就下了一番苦功。当时有人提议放在右边，也有人提议放在左边，后来大家争执不下，就放到线上进行测试最后才确定下来。除此之外，马化腾对产品的要求是，必须要符合用户的使用习惯，比如用户在写邮件的时候拷贝东西，大部分人都是习惯用键盘来操作，这时候就要让软件迎合用户的这种需求才行。

将用户的体验时刻放在第一位，就能找准用户的使用痛点，也就为企业的发展寻求到了新的出路和前景。马化腾正是手执“用户体验为王”的大旗，才在血雨腥风不断的互联网市场中生存下来，并以势头正猛的状态持续发展着。

请君入网，请君“上瘾”

现如今，很多腾讯用户都对腾讯产品上了瘾，这其中不光是有QQ，还有微信、QQ游戏等。随着互联网的发展和智能手机的普及，腾讯的产品使用粘性越来越强，这让不少用户深陷其中而“无力自拔”。很多用户不仅习惯了有腾讯产品的陪伴，更是对其产生了一种无以复加的依赖感。

马化腾一直在思考的问题就是，如何让自己的产品保持对广大用户的持续吸引力，换句话说，马化腾在不遗余力地让用户上瘾。

当然，不同的产品对不同的用户群体所带来的成瘾性是不一样的。不能单纯地将社交、游戏和媒体这种原本就很容易耗费时间的应用和其他应用进行简单的对比。不过，马化腾的确是总结出了一些比较成熟的经验，让腾讯的很多应用都能为用户提供更完善的体验，从而吸引大家反复使用，并逐渐增加每次使用的单位时间。

现在来看，马化腾在以下 8 个方面做到了让用户上瘾。

第一，简单明了。

在互联网和无线应用时代，“简单明了”是产品设计一个非常重要的原则，马化腾从来不设计那种种类繁多的菜单和眼花缭乱的按钮来把用户吓跑，因为这些会直接影响用户的感知体验。腾讯产品无论其目标群体是什么，其操作都会尽量简单化，甚至要达到小孩子都能随意使用的地步。

比如，在微信中很多应用就是点击和滑动，不需要很多按钮，就拿“刷新”这个常见功能来说，有的软件程序单独设置一个按钮，这样用户在使用的时候就比较麻烦：首先要找到这个按钮，然后准确地点击，这对屏幕本身就不大的手机而言，确实要费了不少事，而腾讯在微信中的“刷新”仅仅是拖放屏幕就可以做到，这就是简约的最佳实例。

第二，能让用户“一心多用”。

马化腾在策划每一款应用的时候，都会先去考虑用户使用这个软件的时间和地点。一般来说，假设一种软件在操作的过程中需要投入太多的注意力或者如果响应时间太长的话，就会影响到用户的使用体验。

就拿QQ来说，其操作就是比较简便的，可以让人们一边聊天一边浏览网页，不会占用太多的注意力，特别是在推出了“合并会话窗口”这个功能之后，用户在和多人进行聊天的时候也能够很快地找到交流对象，而电脑屏幕也能解放出来。这些对软件的改良，都是在保护用户的注意力，使其不会被过分地消耗掉。

尽管作为一个软件的开发者，都希望用户在自己的应用上多用一些时间，然而实现这个目标的办法并非是让用户手忙脚乱，而是应该提升软件自身的价值才对。这样就不会让产品出现太大的缺陷，从而招致用户的反感。

第三，让用户产生控制感。

一个著名的心理学家做过研究，当人们可以自由地进行选择并拥有绝对的自主权的时候，心情才会最愉悦，这种愉悦感很多时候超过了人们对财富的占有欲。从这项研究可以推出，很多用户在使用某个软件的时候，都希望能够在操作的过程中充分享有控制权，这种控制权包括了对目标、时间和方式的控制。

QQ宠物其实就是一种模拟类的控制游戏，它能够让用户控制一个虚拟的小企鹅，让用户形成一种“我是主人”的主观认知，这样就满足了用户的深层次心理需求。

第四，开展微创新来刺激用户。

在众多的互联网产品中，想要让用户对其中一款应用上瘾，其使用体验就要产生一定的正面影响，并让用户生发出一种微弱的正面情绪反应。为什么是微弱的情绪反应呢？

答案很简单，太过强烈的情绪反应仅仅通过一种虚拟的软件是很难实现的，而且用户会随着时间的推移产生身心疲惫的感觉，所以一旦“玩累了”，他们就会对这种应用产生一定的排斥感，之后很可能就不会再使用了。所以，为了维系保持用户对某个软件应用的兴趣，马化腾总是想方设法让腾讯的产品循序渐进地提供一些刺激，既让用户重复使用这种应用，又能减少他们的负面情绪。

比如，曾经风靡一时的QQ农场和QQ牧场，就是通过不断升级、不断出现新的菜种、物种来吸引用户注意的，而不是一下子推出五花八门的东西让用户疯狂兴奋了几天，最后因为玩得太过投入而很快失去兴趣。

当然，马化腾更清楚一点，就是在追求创新的过程中不会因为过于追求创新而做出太过夸张的东西，让用户难以接受，所以腾讯的每一个产品都保持稳定的更新和升级，不会盲目地改版应用，更不会去更改用户已经习惯的按钮和功能。因为一旦用户在使用熟悉的软件时看到了不熟悉的界面，他们会很不习惯。

第五，关注用户的意识和潜意识。

为了让用户“上瘾”，马化腾总是会别出心裁地做出很多创意，让用户不断地使用和体验，而在这个过程中，他会注意通过意识和潜意识这两个层面向用户传递信息，同时让用户和应用软件能够进行良性的互动。

比如，一些QQ游戏会强调分数的增长，让用户看到如果继续玩下去会突破多少多少分数的关口，这种通过潜意识来暗示用户不断体验的方法，能够最大程度地吸引用户接着玩下去。

第六，让用户不断地使用。

腾讯推出的很多跟财富有关的QQ游戏，都会让用户凭借简单重复的工作过程得到一种积极的反馈信息，如通过玩一些麻将棋牌类游戏，可以赢得一些虚拟奖励等。而这些获得虚拟奖励的使用体验会让用户大脑释放出更多的多巴胺。多巴胺能够影响人的情绪，是一种作用于神经系统的化学物质，一旦激活了多巴胺，用户对该种软件的使用体验就会提高，从而愉悦身心。一旦用户形成了这种习惯，他们的大脑就会再度希望释放多巴胺，鼓励之前的行为活动继续下去。

第七，让用户“炫起来”。

无论在现实世界还是虚拟世界，每个人潜意识中都想超过别人，不断寻求上进。马化腾看到了这种普遍心理状态，所以在设计和开发软件时，很注重这些体验。比如，QQ 会员的提升，黄钻贵族的显示等，在 QQ 和微信这样的社交软件中，点赞功能也是“炫耀”的一种手段，它可以让用户感觉自己受到了好友的关注，也能向其他人炫耀自己的“好人缘”。炫耀心理促使用户一如既往地使用软件，这为腾讯赢得了更多创收渠道，也在无形中增强了产品使用粘性。

第八，不断夸奖用户。

玩过老虎机的人都知道，当你在赢钱的时候，机器会发出很大的声音，哪怕是你赢得钱微不足道，机器的声音依旧很夸张。其实，这既是一种吸引其他人注意老虎机的方式，也是营造一种反馈的手段。

在虚拟的软件应用世界里，马化腾也重视这种夸大反馈的手段。比如连连看，当用户成功地消除掉几个图标之后，系统会发出很大的声音，这就是为了让用户感到“备受尊重”，激发他们继续玩下去的兴趣和欲望。虽然从表面上看，这种吸引用户继续使用的手段没什么“技术含量”，但只要不断地以这种手段来刺激用户，就会让用户对腾讯的产品欲罢不能，不由自主地陷入一种“使用循环”的状态中。

在如今竞争越来越激烈的应用软件市场中，只有做到让用户上瘾，才能打开一条挖掘财富的高速通道，而马化腾正是带领着他的团队在这条道路上不断总结着经验，积累着技巧，并最终实现了对用户心理的成功揣摩和把握。

◆黄钻时代——新贵的世界你不懂

13

新战略让对手发狂

我有8亿我怕谁

2007年5月16日，腾讯公布的2007年第一季度业绩显示：截止2007年3月31日，QQ的注册数量已经达到了5.979亿人，这个数字将近中国人口的一半，而其中的活跃用户数达到了2.537亿，QQ最高同时在线用户数量为2850万人。

这个数字或许是马化腾在初创腾讯的时候万万没有想到的，然而这并不是奇迹，这是坚持和努力。

2011年，腾讯在北京举办了一场声势浩大、规模极高的“开放大会”，在这次大会上，腾讯和全部的第三方合作伙伴共商开放大计。那么，这次大会的商业目的是什么呢？马化腾要和大家一起分享腾讯 QQ 的成果。

在 2010 年的“3Q 大战”中，马化腾做了一个比较艰难的决定，对使用360 软件的用户也一样开放 QQ，而正是这个看似无关紧要的决定从根本上改变了腾讯未来的命运走向，甚至改变了中国互联网行业的状态，影响到数以亿计的全国网民的网络生活。

就在这场“3Q 大战”结束之后的几天，2010 年 11 月 17 日，马化腾出席了第 12 届高交会“中国创业家峰会”，在会上他说了这样一段话：“互联网在深入影响人们生活的同时，也带来了更多的机遇，开放和分享已经成为产业的潮流。未来，腾讯将尝试在企业发展中注入更多开放、分享的元素，更加积极推动平台开放，关注产业链的和谐。将以更加开放与务实的姿态，与垂直网站、应用开发商和独立开发者等产业链合作伙伴一道合作共赢，共同促进中国互联网事业的蓬勃发展。”

从 2011 年上半年开始，腾讯在企业开放转型方面有了很大的动作。首先，马化腾对公司员工提出了建议，让大家直言腾讯的不足，不避忌讳地讲出来。马化腾还接连举办了十场“诊断腾讯”系列论坛，从全国各地请来了一百多位专家为帮助腾讯“看病”。马化腾甚至还在现场说，不要给他留情面，可以提出严厉批评。难怪有人将腾讯召开的这一系列的诊断会比喻成是“给自己照了一个 X 光片”。

假设一下，当腾讯只有几十万甚至几百万的注册用户时，恐怕没有多少人愿意跟它合作，而这些数字仅仅只是数字而已，丝毫不能证明什么。然而当 QQ 的注册用户达到以“亿”来计数的时候，这个数字代表的就是一个十分广阔的市场，而这个市场的覆盖面之大，可以看成是对整个中国的容纳。正是因为马化腾做到了这一步，所以他必须考虑让 QQ 变得更加开放才行：给别人机会的同时，其实就是给自己创造更多的机会。

那么，马化腾到底想让 QQ 如何开放呢？

马化腾的开放策略是：在 QQ 开放框架的前提下，任何一个用户不必再面对机械式的操作系统，也不会再受制于终端、操作系统等客观条件，而是能够享受到由腾讯提供给用户的更加绚丽多彩、更具人格化的在线生活网络。所谓的“Q＋”，其实就是让更多的第三方应用开发商把 QQ 当作一个表演各种技艺的大舞台，直接为 6 亿多 QQ 用户提供服务。

这个构想的实质就是：在庞大的用户群面前，一个开放且更加智能的社区操作系统融入到整个互联网世界的体系中，等于为它植入了一个坚固刚硬的骨架，将这张“大网”中的所有单位都有机地串联起来。随着“Q＋”的逐步成熟，这个带着骨架的坚硬之网将越来越清晰地出现在公众面前。

从“Q＋”可以发现，马化腾的一个重要企业愿景是：开放的 QQ 将不再单纯地是腾讯的业务核心，而是一个互联网产业链的核心，它将成为中国广大网民进行各种网络活动的始发站。

马化腾构建的“Q＋”具有非同小可的号召力。很多业内人士认为，如果有机会为中国互联网最庞大和活跃的 QQ 用户提供直接的服务，对于参与者来说不仅是一种获取财富的渠道，也是将自身优势对外展示的绝好机会。可以预见，这个开放平台是一个相当不错的开端，会让腾讯向世界级公司迈近一步。

2014 年，国际性社交营销代理机构 We Are Social 开展了对世界大型网络社交平台的调查排名。在他们列出的世界五大社交网络中，腾讯 QQ 和 QQ 空间以及微信直接杀入前五名之列。其报告表述为：2014 年全球互联网用户总量已经超过了 30 亿，其中最活跃的 Facebook 月活跃用户达到了 13.5 亿，已经接近了中国的总人口，位列第一。而排名第二的就是 QQ，它以 8.29 亿总量和 6.45 亿月活跃账户包揽排名榜的第二名和第三名。而第五名则是腾讯推出的即时通信手机应用——微信，它的月活跃用户是 4.38 亿。

近几年来，微信在中国市场的发展速度已经超过了 QQ 和 QQ 空间，这个现象引起了西方的广泛关注。微信之所以能得到西方的关注和 QQ 的功劳是密不可分的，因为至少有一半的微信用户来自于 QQ。

从 6 亿到 8.29 亿，这个明显的递增再次证明了腾讯的能量，也增强了马化腾打造一个互联网大时代的信心。有了如此庞大的用户群体，马化腾无论新推出什么软件，都会出现一呼“亿”应的壮观场面。

随着用户数的一增再增，马化腾找到了一种“腾飞”的感觉，在他看来，现在腾讯的核心发展策略还是要紧密围绕这 8 亿多的用户价值，一切以用户价值为中心，构建一个安全健康的平台。的确，QQ 用户是腾讯价值的基础，一旦脱离了这个价值，腾讯的很多光荣和梦想都将不复存在。

“三只手”掘金

我们前面讲过，腾讯刚成立时，也做过一段时间的传呼业务，QQ 的提示音是由 BP 机录制而成的。也正是对传呼网络的情有独钟，马化腾对类传呼业务有着天然的好感。当腾讯的业务收入渐渐好转之后，他的目光也瞄在了一块新战场上。

2012年，马化腾对腾讯的移动部门进行了重组，为的是适应新的移动互联网时代。在此之前，马化腾采取的策略是用“两只手”掘金。

一只手是移动互联网事业群，这个事业群的作用是腾讯使无线和其他PC部门朝无线发展从而形成一条业务线，最终促使腾讯快速成长为移动互联网企业。

另一只手是“摇一摇”的微信，尽管从目前的情况来看，微信是腾讯在移动领域“无为而治”的战果，有着一定的“撞大运”成分，但仔细分析就会发现微信原本就摆脱了SP时代的思维模式，是一种适应新时代的产物，能够对用户的体验需求采取合理的规划，很可能在未来的企业发展战略中扮演重要的角色。

当然，这“两只手”对于马化腾来说，虽然可以双拳同时出击打击对手，但是也存在着一些不可避免的缺陷。比如，这个移动互联网事业群的设计还不足以完成马化腾所设想的战略规划，只能是使其在短期内获得一定的收入而已，然而由于它本身是来源于PC端的相关业务，所以很多传统部门成为了它的资源“供给地”。富有戏剧色彩的是，移动互联网事业群对传统业务又有着一定的取代作用，让不同的部门之间发生了难以回避的正面相撞。

另外一方面，由于微信和移动事业群之间存在着重复性的投资，因此它的发展也会利用到其他部门的资源，这样一来，马化腾所设想的一对拳头会有时候就会交缠在一起，产生互相拖累的情况。

随着腾讯移动互联网产品的不断完善以及马化腾对移动互联网的认识加深，“两只手战略”在他看来已经不能满足现实需求，所以需要增加一只“隐形的手”。这只“隐形的手”就是收编了手机 QQ 的社交媒体事业群以及收编了手机游戏的互动娱乐事业群。经过整编之后，腾讯的移动部门不再是一个“吸血鬼”，而是一个“造血机器”，马化腾也鼓励其他部门在移动领域内的资金和精力的注入。

虽然从表面上来看，马化腾的这种安排难免有些“骑墙主义”，也就是说腾讯没有让微信扮演一个“马车夫”的角色，而是继续扮演着“试验田”的角色。其实，腾讯的“三只手掘金”还是与“两只手掘金”不同的。

一方面，移动互联网事业群短期盈利压力减小，在公司的话语权也逐步降低，相比之下的微信就显得更加重要和不可或缺；另一方面，腾讯的手机 QQ 和手机游戏等赚钱业务经过整改重新回到 PC 部门，这让其商业价值进一步提高，也就增加了公司的收入，弱化了微信的商业化压力。与此同时，也让社交媒体事业群和互动娱乐事业群松一口气，冷静地整理思维，谋划下一步的战略布局，从而缔造出更有生命力和竞争力的移动引擎，这对于在移动互联网时代冲浪的腾讯来说是非常有利的。

因此，假设微信能够顺利发展的话，就可以证明自己作为腾讯在移动互联网领域的“马车夫”的重要地位，也将在未来有更大的发展空间。

2014 年召开的“腾讯移动开放战略大会”，被称为本年度最有价值的一场大会。在这次会议上，与会方在新年伊始都对未来的战略走向和产品走向进行了规划。作为互联网的巨头之一，腾讯也不负众望地对外透露了一些有关移动战略的细节。

在这次大会中，腾讯将“应用宝”作为一个主打的产品。如此看来，“应用宝”似乎存在着很大的发展空间和发展潜力，而确定它的价值所在，便是“深挖社交基因”这个腾讯的新战略。可以看出，马化腾在围绕社交基因、深度整合内部产品和资源方面尝试着一条新出路，从而让用户和开发者实现利益的最大化，也让腾讯在未来的市场竞争中走出一条差异化的发展路线，在蓝海中快乐地“游泳”。

“应用宝”和传统的应用分发不同，它具有更强的个人定制色彩，这也是马化腾最为看重的一个产品闪光点。经过升级的应用宝4.0版本，不再是仅仅固步自封在应用分发渠道上，而是会根据数据来对用户特点进行分析，从而展开个性化应用推荐，更有利于提升用户的使用感知度，也会最大限度地满足用户的各种使用需求。

腾讯的发展，经历了从PC端到移动端的重要变革，而在这个变革中，腾讯最大的优势在于其深厚的“社交”能力。而腾讯也将会越来越依赖这个积累了多年的优势，对自身掌握的海量数据深入挖掘，并在此之上实现新价值的创造。

2013年，巨头们在谈论和试水“大数据”。2014年，则是巨头们真刀真枪地比拼大数据实力的一年，谁能够在这一年挖掘大数据而形成利润，谁就能在下个阶段谋求到有利的市场地位。相信，马化腾的一系列移动新战略会让更多的竞争对手“心里发慌”，从而导致更多同类产品和相近思路的出现，这或许会让用户得到更多的选择机会，促进移动互联网市场更加繁荣。

向着动漫，挺进

2014年，腾讯召开了互动娱乐年度发布会。在这次盛会上，腾讯动漫向外界公布了一项全新的战略路线：腾讯将全力打造全动漫产业链。为了保证这个产业链的正常运作，腾讯已经正式启动了第一个全面开通的全产业链项目——火影粉丝官方站。

众所周知，“动漫”在中国有着为数不少的喜爱者，他们对动漫的喜爱从作品本身延伸到了其他动漫周边产品上，是一个巨大的潜在开发市场。正是因为这个市场的可挖掘性，马化腾才不遗余力地带着他的队伍杀了进来。

可以说，这一次腾讯动漫发布的消息，是一个具有战略意义的突破，它不仅意味着马化腾对中国动漫商业模式展开了全新的探索，也为广大动漫爱好者提供了一个很不错的娱乐内容体验基地。在这个基地中，马化腾将会创造出更多的质优体验。

尽管马化腾向动漫挺进的策略被证明是正确的，然而还是有人认为，马化腾的动漫战略是在走一条“不归路”。事实并非如此。最近几年，国家一直在致力于对动漫产业的振兴和扶持，所以一定会在很多方面提供最优厚的政策，因此从这个角度来看，中国的动漫产业前景一片光明。马化腾打造这个产业链，也是将动漫看作腾讯互娱的新阵地。因为他敏锐地意识到，一方面动漫衍生品和动漫周边存在着相当大的市场价值，另一方面动漫文化是一种可以表达自身情感的文化载体，很容易在粉丝群中产生共鸣。

马化腾主要在四个方面施展拳脚：第一，加强产业链漫画环节，力争为广大动漫爱好者做出最优秀的作品；第二，做强 IP 动画化环节，从而将 IP 的影响力朝着更广阔的方向推进；第三，加强动漫游戏化环节，将现有游戏和 IP 价值实现共享；第四做强周边商品，让正版内容得到完美的发挥和聚合。

2014 年，马化腾给腾讯动漫指定的生存和发展路线是，依托腾讯这个强有力的平台，将优秀的IP作为核心来聚集一大批动漫粉丝，帮助腾讯奠定动漫商业化的基础。

2014年，腾讯动漫还将继续延续“泛娱乐战略”，对中国本土的动漫产业进行有效的重组，从而构建出一个以明星IP为核心的全动漫产业链。如果这个产业链能够良性运作的话，将会形成新的商业模式，并凭借粉丝经济的效应产生出更大的商业价值。

在发布会上，腾讯动漫公布了它和国内外的两个著名的动漫IP——鼎鼎大名的《尸兄》《火影忍者》在很多领域的合作范例。这个消息的公布，其实预示着腾讯动漫在构建全动漫产业链的过程中迈出了关键的一步。

火影粉丝官方站，也是腾讯动漫产业链构建的重要组成部分。作为世界第一个正版授权的火影文化交流平台，火影忍者官方站整合了有关火影动画、漫画以及游戏小说等很多周边内容，能够最大限度地调度粉丝们的参与感和积极性。这样一来，不仅能为火影粉丝提供《火影忍者OL》等角色故事，还能够让大家产生愉快的交流和心得分享，而这些都是广大粉丝们最热切希望看到的整合成果。由此一来，腾讯动漫将让粉丝网站变成一种多元化和个性化的互动娱乐分享平台，能够最大程度地整合会员，为火影IP商业化营造一片充满前景的掘金场地。

马化腾不光是要引入知名的动漫IP，而且还要全力培养原创动漫IP，吸引更多的漫画迷加入腾讯这个大圈子。一部由七度鱼创作的名为《尸兄》的漫画，在腾讯动漫刊出之后，立即得到了用户的广泛认可。在马化腾的扶持下，这部漫画顺利地实现了漫画、动画、游戏、周边的全程演变，而作者七度鱼也通过和腾讯动漫的合作，一跃成为年入百万的漫画家。

随着移动互联网的不断发展，粉丝效应也正在朝着“粉丝裂变”的模式转化。在这个新技术不断出现的时代，一个 IP 能够轻而易举地从一个领域延伸到另一个新领域，甚至能够在很短的时间内在多个领域同时“绽放”，并且有可能带动多个终端的协同发展。

在这一次发布会上，马化腾正式向外界提出了“泛娱乐”升级战略这个新概念，让人们逐渐清楚，这个新概念所包含的核心思想是互联网和移动互联网的多领域共生。在这个领域的支持之下，能够为打造明星 IP 创造出更多的粉丝经济效应，这个效应也会直接带动腾讯未来的产业链发展。

有了一个良好的产业链作为铺垫，马化腾就有了为广大用户提供良好娱乐体验的阵地，所以他会继续带领腾讯互娱在这个领域不断探索和前进，也将全身心地投入到引入、打造原创自有明星 IP 的商业战略中，以此来满足腾讯用户的娱乐诉求。

阅读为王

随着网络文学的不断发展，如今电子阅读时代已经影响到了很多人的生活，大街小巷中，放眼过去都是低头拿着手机阅读电子书的人。也正是基于这样的一个变革时代，马化腾开始考虑如何寻找新的盈利点的问题了。

2013 年，腾讯公司旗下的腾讯文学向广大用户隆重推出了 QQ 阅读安卓 4.0 版本。腾讯文学官方表示，目前中国的互联网在经历了微博、浏览器、安全、游戏之后，已经将下一个阵地放在了移动阅读领域。这将意味着行业内的竞争者面临着全新的挑战和生存环境。为此，腾讯 QQ 阅读也会在未来的时间内，逐步将微信以及腾讯旗下的其他社交平台和文字阅读有机地联系在一起，不过具体怎样进行接入和整合，腾讯还在考虑和试探之中。

马化腾这个策略的思路是非常明晰的，他看到了未来阅读的发展方向，所以加强了腾讯在数字化阅读方面的改革和推进。从目前的状况来看，QQ 阅读的新版本正在朝着四个方面演进：第一是内容比过去更加丰富；第二是在功能上变得更加强大；第三是视觉上会更健康；第四是细节上会更加人性。

根据腾讯官方介绍，QQ 阅读安卓 4.0 版本，和过去的旧版相比增加了不少全新的功能，比如它支持的格式会更加全面，基本上囊括了用户所能见到的一切常见格式，而且它还支持本地和在线阅读等多种方式。除此之外，新版本的界面也更加漂亮，同时还做了一定的清新护眼优化工作。由此可见，腾讯在阅读软件的开发上采用了新技术，确保在控制客户端体积的情况下，为高清显示维系了必要的软件运行速度。

光有软件自然不能完成阅读，马化腾也为此加强了跟创世中文网的合作，为广大用户提供阅读的必要内容支持。可以看出，马化腾认准了这块市场的发展前景，所以将其中的每一个步骤都考虑详尽了。

另一方面，随着网络文学的不断发展，一个人想要成为作者是很容易的，甚至比成为读者更容易，因此随着更多作者的加入，广大读者用户有着更加丰富的选择。在这种被移动终端撑起来的现代化阅读之下，由于阅读的碎片化特性，作者和读者之间沟通更加紧密。

网络文学和传统文学相比，其娱乐性能更加突出，这让电子阅读的主要目的变成了休闲娱乐，而不是单纯地接受学习和教育。

所以马化腾十分看重让未来的 QQ 阅读能够接入微信和手机 QQ 之中，当然这里面有个工作要做，那就是要事先调查清楚广大读者用户的阅读习惯以及他们的一些诉求。只要将这些问题摸清了，腾讯再利用海量级的用户平台去开发和接入，效果肯定会不错。

2013 年的下半年，腾讯在北京召开了新闻发布会，正式发布“腾讯文学”品牌、业务体系及“全文学”发展战略。这个宣言的发出，事实上标志着腾讯文学正式进入全面抢占网络文学的市场阶段。在这次重要的发布会上，腾讯发布了“腾讯文学”品牌和业务体系，旗下包含了男性原创文学网站创世中文网以及女性原创文学网站云起书院。除了这两块阵地之外，腾讯文学还容纳了数字出版平台畅销图书和腾讯文学 PC 门户等等。当然，马化腾对移动客户端也没有忘记，在腾讯文学中增添了无线门户和移动客户端 QQ 阅读等产品渠道。如此广泛而丰富的渠道，证明了马化腾将会有大动作后续跟进。

这次大会之所以引起很多人的重视，主要在于腾讯文学在发布会上宣布了接入手机 QQ 推出的“QQ 阅读中心”。

顾名思义，所谓的“QQ 阅读中心”是基于“QQ 阅读”而打造的阅读平台，它的主要业务内容是社交轻阅读。如果拿它和此前推出的“游戏中心”相比的话，一个显著的变化就是它将出现在未来的新版 QQ 手机版中的“动态”版块中。

可以看出，马化腾为腾讯规划了一个“全文学”的战略，这个战略是基于新搭建的业务体系，其内容非常丰富，也是一个容纳了全内容和全用户以及全平台的庞大产业链结构。

这个庞大的结构有诸多明显优势。首先在内容方面，腾讯文学兼顾了传统文学和网络文学这两种类别，并通过数字出版平台

“畅销图书”以及百家出版社，构成了新的战略合作，在推广网络文学的同时始终不忘记引进传统文学。除此之外，腾讯文学在用户方面也是迈出了一大步，它将给腾讯平台上年龄、性别、职业各不相同的用户群体提供富有针对性的阅读服务。也正是这种个性化的服务基准让腾讯在平台建设方面，实现了从 PC 到移动的各输出渠道的一体化：内容的一体化和账号的一体化。这个一体化的最大好处是，能够让全部的书籍信息、阅读状态以及用户数据同步更新，确保用户在移动终端上看到的是最新的内容。

为了确保阅读作品的质量，马化腾还组织成立了以诺贝尔文学奖得主莫言为核心，兼有著名作家阿来、苏童、刘震云等人组成的“腾讯文学大师顾问团”。有了如此响当当的“梦之队”支持，腾讯数字阅读将朝着更加良性的方向发展和演进。

当然，马化腾没有将眼光仅仅放在文学领域，腾讯还和华谊兄弟等影视公司达成了战略合作，打造出了一个“优质剧本影视扶持联盟”，将致力于腾讯文学优质 IP 影视改编的项目投资、制作和运营。

马化腾在阅读领域的新战略，其实是对腾讯产业链的一次全新整合，他利用“泛娱乐”这个新战略思路，将其跟腾讯的互联网业务形态完美结合，从而建立了以 IP 授权为核心、多角度、多侧面朝着游戏、影视、戏剧、动漫等领域发展的整体战略规划。

也正是这种新战略规划的诞生，让腾讯在多了一块市场的同时“震慑”了不少新的竞争对手，比如盛大的起点中文网、百度扶持的纵横中文网等，让这些原本没有多少业务冲突的互联网巨头，都踏入一块红海战场中你争我夺，揭开了电子阅读时代群雄逐鹿的新战幕。

14

“企鹅帝国”心语

退居幕后的秘密

2006年2月15日，马化腾辞去了总裁职务，让原首席战略投资官刘炽平接任。刘炽平的主要工作是协助管理腾讯的日常工作。

马化腾缘何要在腾讯蒸蒸日上的时候退居幕后呢？对此，马化腾给出的解释是，他想通过减压来回归到自己的本位上，也就是说他并非不管不问了，而是将主要的精力用在腾讯发展的大战略方面以及一些产品规划和布局上。

对于为何让刘炽平接替自己，马化腾说了一段话作为解释：“过去一年中，刘炽平先生对公司的日常管理和运营贡献良多，是我们管理团队中的重要成员之一。有了他和管理团队其他成员的协助，我可以利用更多精力制定公司战略和规划新产品方向，让腾讯为用户提供更好的产品和服务，把握潜在的市场机遇。”

刘炽平到底是一个什么样的人呢？应当说，在接替马化腾之前，刘炽平是一个业内知名度不高的管理人，不过他的个人能力却十分突出，在他25岁的时候，就拥有了斯坦福大学和西北大学的两个硕士学位。此外，他在股票发行、兼并和收购以及管理咨询等方面有十多年的从业经验，只是对即时通信软件还算是一个不太懂行的外行。刘炽平曾经出任过高盛亚洲投资银行部的执行董事和电信、媒体与科技行业组的首席运营官，另外还在麦肯锡公司做过管理咨询工作。从2005年开始，刘炽平出任腾讯首席战略投资官，专门从事公司战略、投资和并购的指导性工作，在此期间，腾讯的股票从6元涨到了20多元，一举成为国内市值最高的互联网公司。

在刘炽平的统一管理下，腾讯的“在线生活”战略全线铺开，一点一点地完成了面向即时通信、网络游戏、门户网站乃至电子商务的多领域开进。总的来说，刘炽平是一个比较富有战略眼光、能够统领全局的人物，他帮助马化腾尽早完成了海外市场的商业布局，为腾讯立下了汗马功劳。

刘炽平对做企业的看法是：好企业20%是因为策略上的成功，而剩下的80%的因素决定于企业的执行力。也正是这种原因，刘炽平最后毅然决然地选择了投身到企业之中，从帮助企业进行战略分析的旁观者转变成一个战略的执行者。

追溯马化腾辞职的动向，恐怕要说到2005年年末腾讯的换标。当时媒体对腾讯换标的看法是，这只是很多公司改换新面貌迎接新一年的“讨采头”之举，但是对马化腾来说，他可能会面临新的挑战，因为作为企鹅帝国掌门人的他将会迎来新的角色转换。对于媒体的这种解释，马化腾在2006年接受采访的时候做了修正，他认为腾讯换标是为了对自身业务多元化的一种拓展，并非只是换标而已。旧的标识也会在一些场合继续使用，只不过和新标志相比，旧标志代表不了腾讯更全面的业务形象。

显然，马化腾一句话道破了天机：腾讯将继续拓展新的业务领域，而不会仅仅满足于IM类软件，这是由腾讯在2005年业务“遍地开花”的大好形势决定的。经过这一整年的摸爬滚打，腾讯已经在网游、门户、电商等多个领域小有成就，正在逐步从一家单做IM软件的互联网公司朝着一家网络社区服务公司转变。与此同时，腾讯的员工数量也增长到2400多人，这给公司的人力资源管理工作带来了新的挑战。

正是这一系列的新变化，让马化腾不得不琢磨着要拿出更多的时间去一心一意地做事，否则他很可能会被公司的大事小情拖累得动弹不得。马化腾也清晰地预见，处在快速成长状态下的腾讯，未来的发展道路上还会面对更多的新问题，而这些问题只有经过“分流”处理之后才更容易妥善地解决，因此马化腾必须做到“专注”，集中宝贵的注意力推动企鹅帝国向前继续发展。

马化腾的退居幕后，其实还有另外一番含义：当一个企业从小变大之后，企业领导者的个人魅力所带来的影响也会逐渐变小，因为一个人的能量终归有限，只能在企业发展的某一个阶段产生比较重要的作用。当盘子变大之后，企业需要的不是强化领导者的个人能力和威信，而是要逐渐从个人英雄主义过渡到科学的管理体系当中。

马化腾退居幕后，也是和他的个人特质有关系，他是个做事专注的人，从1998年到2006年这几年间，腾讯虽然在不断拓展着新的业务领域，但是也在完善和规范自身的服务工作，是当时中国唯一一个专注于网络IM类软件的互联网公司。换句话说，即时通信对马化腾来说始终是公司的工作重心，不会因为在其他业务领域掘到黄金之后就受到冷遇。而这种“专注”的文化体系，也逐渐成了腾讯企业文化中的一部分。

专注让马化腾在考虑问题的时候看得更远，让QQ在众多做IM软件的竞争对手之下存活下来并发展壮大。当然，腾讯的发展壮大也不会分散公司的注意力，因为专注跟拓展是互补的两方面，专注并不意味着要一条道跑到黑，而拓展也不是无目的地四处撒网，只有将二者巧妙地结合，才能更好地发挥腾讯自身的优势。

马化腾的退居幕后，也是为了将腾讯打造成一个以QQ为中心的社区和平台，从而实现他的开放性网络的宏伟蓝图，让用户的互联网生活真正实现无缝化，这已经不再单纯是一种产品理念，更是一种企业精神和创业的信仰。

“腾讯五虎”变“二虎”

腾讯创立之初，5个创始人一直保持着比较融洽的合作关系，这主要归功于他们之间合理的利益分配和权力制衡，当然这和他们之间的良性互补也不无关联。然而经历了一段时间的创业之后，五个创始人分别遇到了事业上升道路上的屏障，于是，这个一度让人艳羡的团队，最终也应了“天下没有不散的筵席”的定律，其中3个创始人先后离开了腾讯。

他们为何离去，他们现在和未来会干什么？

第一个离开腾讯的是一直专注于投资的曾李青。2007年，曾李青正式辞去了腾讯COO这个职位，变身为一名终身荣誉顾问。外界猜测说，曾李青之所以在2007年离开，应该是和刘炽平接替马化腾出任总裁有关系。因为曾李青之前一直负责腾讯的日常运营工作，而刘炽平在走马上任之后，负责的也是公司的管理和运营。因此，从这个角度来看，曾李青的离开有一点“你上我退”的意思。之前说过，曾李青是一个个性比较张扬的人，和低调行事的马化腾形成了鲜明的对比，所以两个人在一起共事久了，难免会影响到马化腾威信的树立，或许这就是曾李青离开的原因。

曾李青的离开对腾讯来说也是一种损失，毕竟他是一个市场和运营方面的强人，当年为腾讯开拓市场做出了不小的贡献，成为腾讯顺利上市的主要功臣。而正是因为腾讯上市，公司进入规范化运营的状态中，所以不能太过照顾某个人的权威而是要统筹全局，这样一来，就需要引进职业经理人，而身为创始人之一的曾李青就不免选择了“退出游戏”的道路。

在曾李青离开腾讯之后，他过了几个月的悠闲日子，每天的生活基本上是看看电视、打打游戏什么的。后来，曾李青成为一名天使投资人，因为他想给自己找一份轻松的工作。在进入投资行业之后，曾李青一度想避开和腾讯类似的业务，于是选择了服装和旅游以及房地产等几个项目，结果都不太顺利，先后扔进去三四千万之后，曾李青只好调转马头，重新回到了互联网行业中。2007年底，曾李青投资淘米网，这成为他投资生涯中最成功的一个案例。

当曾李青在投资领域干得风风火火的时候，腾讯的另一位创始人陈一丹于2013年3月宣布离开腾讯，当时公司正好刚刚发完财报。

一直以来，陈一丹在腾讯担当的重任是首席行政官，并从1999年开始全面负责公司腾讯在行政、法律、政策发展、人力资源以及公益慈善基金等方面的事情，此外还负责处理知识产权和政府关系等事宜。

腾讯的其他创始人很多时候都是站在马化腾的身后，而陈一丹可以说是“身后的身后”，在他腾讯任职的15年中，基本上没有媒体单独对他进行过采访，做事十分低调。由于陈一丹精通法律，对腾讯从一个名不见经传的小公司发展到一个世界知名的大企业，在规范发展和规范化管理方面有着不可磨灭的功绩。总结来看，陈一丹的管理特点是既能够兼顾效率也能够兼顾人性化管理，从而让公司对内对外都能符合相关的规定和政策，始终保持着平稳发展的状态。

在腾讯，大家一致认为陈一丹和马化腾都属于性格沉稳的类型，无论做什么事情都会考虑得比较长远，而且陈一丹和马化腾能够互补：马化腾在产品和技术领域出众，而陈一丹则在法律方面拔尖，能够很快地吸收和消化马化腾提出的新点子和新策略，并从专业角度提醒马化腾在实践中应注意到哪些问题，避免触及法律。

另外，陈一丹也是一个很顾家、有责任心的人。在腾讯的5个创始人中，陈一丹是第一个结婚生子的。所以他更能从家人关怀的角度出发，构建腾讯对员工和员工家属的各种福利制度。而且，腾讯的慈善公益也都是由陈一丹去执行，他在个人慈善方面也十分慷慨，曾经出资1000万在中南财经政法大学武汉学院设立奖学金，用来奖励那些出色的教育工作者和优秀的学生。

后来，陈一丹在接受媒体采访时表示，自己早在 2011 年就决定交出指挥棒，而在 2011 到 2013 这两年中，陈一丹主要在为卸任做准备工作。陈一丹的离开是和其他创始人提前沟通的结果，在征得大家的同意之后才着手安排卸任的步骤。经过两年时间的安排，腾讯的业务稳定了，团队也成型了，陈一丹这才放心地离开。从他的离职流程来看，也充分体现出了做事沉稳有余的态度。

和陈一丹相比，技术大牛张志东也是一个做事低调的人，很少在公众场合露面。在腾讯，张志东身兼执行董事和首席技术官两个重要职务，全面负责腾讯的专有技术的开发，其中包含了即时通信平台、大型网上应用系统等。所以，2014 年 3 月 19 日，当张志东宣布正式离任时，很多人觉得有几分惋惜，毕竟张志东正当壮年。

然而从腾讯的现状来看，自家产出的微信已经盖过了 QQ，张志东主管的“基础即时通信平台”在腾讯内部自然逐渐受到冷落，而张小龙创造的微信成为了核心。

另一方面，张志东主管的大型网上应用系统的开发，已经有了新生力量的接替，那就是毕业于中国科学技术大学计算机科学与技术系的卢山。也正是因为有了接班人，张志东不免产生了“英雄迟暮”之感，也深知互联网世界是年轻人的世界，所以最好的选择是让贤，过几天轻松的日子。

现在，4 个创始人中唯一剩下的就是许晨晔了。在许晨晔少得可怜的发言中，有一段非常宝贵的讲话，那就是他谈起了当年他们 5 个人是怎样走到一起创业的。在说起这段往事的时候，许晨晔面带微笑：“虽然我们毕业之后接触并不太多，但是我们知道各自的风格，我虽然不知道要做的事情能到怎样的程度，但是我知道大家肯定是认认真真地去做，不会说是打打闹闹玩一会儿，做来做去没有下文的那种人，所以这个事情我就值得参与。当时并没有其他特别的想法，就是觉得这个事情做了不会浪费时间。所以当时大家都很爽快地答应了。”

现在，许晨晔的主要工作是全面负责腾讯有关网站财产和社区、客户关系及公共关系的策略规划和发展工作。不过有一点特别的是，许晨晔虽然是腾讯的主要创办人，却不是公司的执行董事，也是5个创始人中股份最少的两个人之一，他所负责的工作多数是内部和后台方面的。不知道在其他3个创始人离开之后，这位“好好先生”是否还会一直陪伴在马化腾和刘炽平身边，不离不弃。

或许在创业之初，没有人想过离开，只是当时间的轴线逐渐延长之后，每一个创始人的心路历程都变得各自不同，对世界的认知也发生了变化，所以就选择了不同的道路。正如很多对恋人在初次邂逅的时候，心中想的都是执手相伴一生，只是当分手到来之际，一切却又变得合情合理了。

我也要版权

由于曾经被ICQ起诉，专利和版权的问题成为了马化腾不得不重视的公司要务，他也清醒地意识到，腾讯决不能在同样的问题上犯错。2003年，腾讯专门成立了一个独立的部门——法务部，用知识产权来保护自身的权益，并很快对外招聘知识产权研究员、法务高级专员和专利律师等职务。

吃一堑长一智，马化腾要让腾讯变得更加正规和成熟起来，这样才能在市场竞争的浪潮中任意驰骋。为此，他让所有的新产品都建立起一套内容涵盖域名、商标、专利、版权的多方位的全面保护系统。

马化腾打造的这个保护系统，开始于任何技术和业务产品研发立项之初，也就是说有针对性地制定配套的知识产权保护策略，让每一个产品在法律层面都做到“无懈可击”。除此之外，马化腾在新产品的SCM（供应链管理）系统之内，加入了对产品以及新业务进行发布前的知识产权评审，这样才能够及时发现新发明和新创造，也可以起到防止侵犯他人的知识产权作用。

目前，腾讯上上下下都对企业的自主知识产权有了足够的重视，认为这是企业生存发展的一项“软性保护功能”，也由此加强了对员工的知识产权教育，还重点落实了知识产权日常维护和知识产权许可贸易的审查，另外在研发中心也设置了专门的团队，其主要工作就是对腾讯的技术发明进行专利发掘和国内国际保护。

在新的QQ头像诞生之后，马化腾也加紧了对这些艺术创意设计的知识产权的保护，避免让他们精心打造的产品被他人利用。

首先，他开启了商业机密和版权的共同保护机制。腾讯对那些已经创作完毕的作品，比如软件代码、设计图纸等，都施以严格周密的商业机密保护策略，目的就是为了让核心的创业理念和商业战略不外泄，确保其在市场竞争中掌握核心的有利因素。

其次，加强了对版权和商标权的双重关注。2000年，腾讯将设计出的企鹅卡通形象视作腾讯最重要的企业产品之一，将这个卡通形象进行了版权登记，此外还进行了全类商标注册保护，防止他人窃取这个深受广大用户欢迎和喜爱的形象设计。与此同时，腾讯对商标也采取了足够的重视，对旗下的核心商标进行全类注册保护，形成了以 QQ 企鹅为核心的卡通形象产品群。

最后，确立了专利保护和版权的双保护策略。在专利保护方面，通过打造专利管理数据库系统和专利申请项目跟踪系统，将版权和专利保护良好地合二为一，从而实现专利申请的整套电子化流程和管理。这样一来，腾讯在知识产权保护方面将会更系统化、规范化。

腾讯选择了广州东利行实业有限公司作为 Q-Gen 注册商标的独家授权经销商，很快，在广州就出现了第一家 Q-Gen 专卖店，专门出售有关 QQ 品牌的服装和玩具等。

由于 QQ 小企鹅的深入人心，这些延伸产品很受欢迎，也让用户进一步了解了腾讯的品牌锻造能力。没过多久，QQ 就成为了可以比肩米老鼠、加菲猫等卡通形象的全新时尚娱乐符号，广大用户中也诞生了一批 QQ 迷，他们对带有小企鹅的产品充满了猎取和占有的兴趣，疯狂抢购与其有关的一切产品。

2005 年 3 月，腾讯和郑州的小樱桃卡通公司进行了合作，独家授权其创作并出版了《QQ 漫画》。这套漫画上市之后，深受市场好评。马化腾也充分践行了卡通品牌形象授权的知识产权之路，拓展出了全新的产权增值业务。

随着知识授权为腾讯带来的收益逐渐增多，马化腾又面临着一个新问题，那就是在众多的知识产权中如何有效管理。众所周知，知识授权是一把“开弓的箭”，往往是“有去无回”，一旦进行了授权，被授权一方就有了充分的自主权，如果在合作条款中没有写清楚的话，很可能会让对方夺走对产品形象的管理权。

马化腾对这个问题逐渐重视起来，随着经验的逐步积累，他最终确定了一套具有腾讯特色的管理 QQ 品牌形象授权的模式。

这个模式的内容是：腾讯要求一切使用 QQ 卡通授权的产品，无论是开发、生产还是销售，只要涉及到再创作、变形等更改时，就必须要事先征得腾讯的允许，不准擅自做主，而且这些经过变更和再创作的图像、文字等产物，其产品名的知识产权都归腾讯所有。

从表面上看，腾讯加大知识产权保护有点“幡然醒悟”的意思，然而实际上腾讯的这一步是其企业发展的必由之路，只是在域名之争事件促动之下忽然爆发而已。应该说，马化腾推行的这些保护策略，是对腾讯在智力创新层面的保护，而他推行的知识产权授权策略，让腾讯的品牌价值得到了迅猛的提升，这是一个最能“直接见利”的实施步骤。

2000 年高交会上，腾讯员工做了很多 QQ 企鹅的公仔模型，目的是为了进一步推广其产品，结果却让他们意想不到：大家对企鹅公仔十分喜欢，表现出了一种空前绝后的追捧热情。为此，马化腾深有感触地表示，腾讯的用户启发了他们的智慧，如果在创业的时候没有设计出这样一个小企鹅的形象，恐怕就没有今天的业务了。

现在，腾讯已经熟练地掌握了国内外的法律规则，通过合理的商标、版权和专利布局，充分实现了其品牌和技术的跨国保护，让 QQ 小企鹅即使“远渡重洋”也能得到法律“照顾”。除此之外，腾讯还将知识产权和研发、市场、运营有机结合在一起，让公司日常运行中的每一个环节都能融入产权保护的概念。

正是因为提升了对知识产权的重视，腾讯的市场领导地位和市场竞争力都有所提升。2006 年 11 月 25 日，腾讯成为唯一新一批广东省级版权兴业示范基地。就在同一年，腾讯的 QQ 和企鹅商标也成为了广东省内的著名商标，也是广东省第一个来自互联网产业的著名商标，十分具有纪念意义。就在同一年，腾讯已经拥有了 60 多件专利权，和中国其他互联网企业的专利数的总和大致相当——这是一个非同小可的成就！相信在未来，腾讯会拥有更多的专利认证的产品。

马化腾是一个能够从教训中吸取力量的人，他没有因为域名之争而垂头丧气，反而从中看到了隐藏的商机。在他将创意和科技二者有效结合之后，终于将 QQ 逐步打造成一个著名品牌。也正是因为曾经输掉了官司，马化腾才更加深刻地意识到知识产权是企业品牌的核心竞争力。

“马氏双刀”的诀窍

作为一个网络巨头的创造者，被誉为“企鹅之父”的马化腾，自然具备了很多成功者的优秀特质，不过总体来看，最重要的也是最突出的有两点：后发制人和抓住机遇。这两个做事原则成为了马化腾为他的企鹅帝国开疆扩土的“马氏双刀”，一路上斩杀敌众无数，建功立业无数。

无论是做网络游戏还是做门户网站，马化腾都始终走在后面，就连腾讯起家的 QQ 也是学习和模仿了以色列的 ICQ，那么问题来了，为什么马化腾不愿意做第一个吃螃蟹的人呢？难道是因为他懒惰吗？当然不是。

马化腾的人生哲学是，只有后发才更有力量，而且后发的成本和风险要低很多，尤其是当腾讯具备了一定的平台优势之后，只有以后发的方式才能确保万无一失。当然，马化腾也认为自己是一个比较保守的人，不喜欢冒险。他曾经说过："我们会做小的创新和尝试，但网游和电子商务等比较大的项目肯定要后发，后发可以研究哪些最适合我们发挥。比如我们觉得淘宝的方式能够发挥中国网民的人气，我们的电子商务就会倾向于它们的形式。"

在马化腾当初做邮箱的时候，他以为这个东西比较简单，不需要花费太多的精力，所以就匆忙推出了这项业务，结果推出不久却发现用户不认可，为此他很快停掉了邮箱，最后表示自己都不愿意再去做第二次了。正是因为做邮箱的失败，让马化腾认识到"谋定而后动"的重要意义。至此，无论马化腾决定做什么，都首先考虑怎样将企业自身的学习周期和即将投入产业的生命周期进行协调，从而让整个计划在平稳当中慢慢推进。比如在当初和马云的淘宝竞争时，腾讯和阿里巴巴几乎是同步进行研发，甚至为了规避风险还想和马云进行合作，只是由于马云不肯让出太多的股份，导致"二马"的联合付诸东流。

由于互联网发展和演变的速度很快，通常是在几个月间就会冒出一些新生事物，因此判断哪个是热点哪个不是就比较困难，所以任何可能性都始终存在。在如此难以捉摸的变数之下，身为一家企业的领头人，马化腾不得不谨慎做事，因为一旦他做出错误的判断，付出的代价很可能是惨重的，所以他越来越不愿意充当"先行者"，而是希望通过观察别人的表现来考量自己是否要跟进，并从他人身上汲取到优点，经过自己的改良和完善之后再推到市场中，从而形成强劲的品牌优势。

不过，马化腾虽然后发，却是一个善于把握机会的人。马化腾在很多公众场合都谦虚地表示，自己是一个幸运儿，之所以能够成功是因为抓住了机遇。马化腾觉得，无论是他还是他的团队，都不能说是特别聪明的那种类型，而腾讯的产品其实也并不复杂，只是公司抓住了每一次促使其飞跃的机遇而已。

很多成功的中国互联网企业，都是赶上了一股难得的浪潮才走向成功的。1995 年，马化腾知道了互联网，这就成为他捷足先登的第一步——他将会比别人更早地接触到有关计算机的新技术，后来很多的互联网精英也都是凭借这个优势打下了自己的江山。

当然，仅仅了解互联网是不够的，还需要对整个互联网发展的脉搏有一定的敏感度。马化腾正是这种人，他对新技术的认知始终敏感，能够做出正确的商业判断，对市场的风向也有着很强的预见能力。

在互联网刚刚兴起的那个时代，网民的数量少得可怜，差不多只有几百万，连现在的零头都赶不上。而且，当时的投资环境还比较差，除了国外的一些风投对互联网公司有兴趣之外，国内的投资方基本上对这个新兴的行业保持着“距离”。所以，尽管马化腾比多数人更早地接触了互联网，但也遇到了多数人不曾遇到的困难。

然而马化腾的优点在于，他能够迅速地抓住身边的有利条件，给自己和机遇创造出“邂逅”的条件。比如，当时的计算机人才还是很匮乏的，而马化腾却利用深圳的地缘优势，大力挖掘人才，筹措资金，这是他总能和机遇“结缘”的重要原因之一。

除此之外，马化腾还有一个抓住机遇的“秘诀”，就是他在做出决策之前，一定会把相关的细节考虑清楚，而不会贸然投身进去无法自拔。马化腾的实用主义理念使他不会像那种商业赌徒，抱着孤注一掷或是听天由命的心理去面对机遇。相反，他会把前因后果都考虑清楚，能够让投资方对他的构想和计划放心。可以说，马化腾不是靠感觉创业，而是靠分析来创业。

正是由于腾讯抓住了互联网发展的机会，才在即时通信领域成为了当之无愧的霸主。其实，对互联网稍有了解的人都知道，聊天软件赢的往往不是技术，而是进入市场的先后。一个软件研发得再出色，如果注册量少的话也会无人问津。而腾讯正是通过抢占了先机，从而积累了数以亿计的用户。于是，这个企鹅帝国便越发壮大，它的人气和优势也越来越显著。这一切都是因为马化腾明智地抓住了机遇。

后发制人，让无数前辈倒在腾讯脚下；把握机遇，让无数同行败于腾讯面前。马化腾正是凭着这一对时刻挥舞在手的“双刀”，为企鹅帝国的基业杀出了一条血路。

时代在变化，技术在发展，从互联网到移动互联网，从 PC 端到手机端，小企鹅历经了一场内容深刻的技术革命和文化革命。虽然未来的路不可预测，不过在以“沟通”为产品核心的企业理念的影响下，企鹅帝国依旧会沿着这条成功之路继续探索下去，在新的征程中书写新的辉煌。